12歳までに必要な学力

淡路 子育て支援教育研究所
淡路雅夫

はしがき

子どもには、大人の言葉や行動の影響力は大きい。とくに、教員の一言が人生を決めるきっかけになることもあるのです。

小学校に入学した後、毎年、担任から多動ぎみと言われていた子どもが、高学年になり担任が変わりました。先生による、子どもの評価も変わりました。「もう少し落ち着きが欲しい」という内容の言葉ではなく、「よく気がつく、積極性のある行動的な子ども」、「友だちに親切で、愛すべき子ども」と――。もちろん、落ち着きのない子どもの生活は、変わりませんでしたが、担任からの言葉が変わったのです。この少年は、中学に入学すると「教員志願」をして、後に教職に就き、「幼児教育や小学生の指導は、人生の土台となる」と、子どもの気づき考える力、勇気をもって行動する力を育てながら、子どもの指導や親、教員のための研修をしているのです。

私が、私立中学・高等学校の教員として、毎年受け入れる子どもの育ち方の変化に気づきだしたのは、１９８０年代以降でした。また、國學院大學の恩師佐藤隆夫先生の支援で、幼児教育志願の学生や調停委員の先生方との勉強会でも、若者の考え方や家族関係にも変化が感じられたのもこの頃からでした。以来50年の経過を経ていますが、幼児期や小学校低学年の指導の重要性をますます強くしています。近年、「幼児期に投資」をと、やはり、この時期の影響力を主張する本も出版され、幼児や児童への指導が注目されているのです。

本書は、子どもの幼児期から小学校での環境を考えて、まず、子育ての指導ポイントを整理し、そのポイントを理解するための子どもの生活課題をあげて説明してあります。各章の説明は、子育ての本質を理解するための内容、子育てのヒントをあげてあるのが本書の特徴です。お母さんは、自分の子どもの実態を考えて必要なところから、お読みください。すべての章は、子どものキャリア教育という視点からまとめてありますから、どこから読んでも子どもを伸ばす内容になっています。

さて、最近の子どもの動向から気づかされることは、幼児や小学生の段階で子どもの生活を支える基礎・基本の学びの重要性です。例えば、子どもの主体性の問題。子どもが、どれだけ自分で気づき考え自律した生活をしているか。子どものやる気や忍耐力・協調性の指導、或いは、人との交流の仕方に子どもの差（違い）が生まれているように感じることです。それは、むしろ個人の問題というよりも、子どもも親も社会の風潮や環境に影響を受けて、人間関係や社会人力の学びという子育ちのリスクとして課題になっているように思います。

お母さんやお父さんの育った社会の状況は、高度経済成長時代からバブル崩壊、低成長に入る時代の流れでした。社会の変化に伴って家庭環境が変わり、親の子育てや子どもの育ちにも影響したように思います。とくに、１９８０年代に入って、普通の子どもの非行が目立つようになったのも、社会や経済の繁栄の影響があると思います。以来、親の子育てだけでなく、子どもが社会生活をするうえでも、子どもの心の育ちの問題がますます話題になっています。

つまり、現代社会は、子育ちの子どもの受難・子育てをしている親の受難の時代になっている、と言ってもよいと思います。親の相談にもそれが表れているように思います。例えば、三歳を過ぎたら子どもが、急に、「いやいや」を言い出して親の言うことを聴かなくなった。習い事をさせているのですが、すぐあきてしまう。保育園でも友だちができずに、いつも一人ぼっちで遊んでいる。三人きょうだいの一番上のお兄ちゃんなのに、下の妹よりも甘えん坊で困る。小学校に上がっても友だちとすぐにケンカになってしまう、などという子どもが育つうえでの基本的な相談が多くなってきています。

現代の子育ては、どちらかというと社会や家庭の『面倒見』が進み、親が一生懸命になり過ぎて子育て不安を抱くようになり、結局、社会へ出るために培われなければならない子どもの資質を活かしきれていない状況が見受けられます。とくに、情報社会における子育ては、良い子育てという『流行』に乗ることが、子どものためになると錯覚している風潮さえあります。それは、急速で激しい社会の変化と不安定で多様化する社会で、親は、自分の生き方はもちろん、子どもを育てるための羅針盤が見えなくなり、結果として、子どもへ関わる基礎・基本が脆弱になっているのだと思います。

親の多くが、子どもをよく育てたいと思う気持ちは、親として当然のことです。しかし、子どもには、生まれた時から、生きる力が備わっているのです。それは、自ら生きたいという『欲求』です。もっと食べたい、もっと知りたい、自由に行動したい、多くの人と触れ合いたいという人間としての自然の気持ちです。これらの欲求は、家族との関わりとともに周囲の状況を観察して、子ども自身が自分のために情報を収集し、真似るという学びによって自己を育てる人間の資質なのです。

詳細は本文でも触れますが、例えば、二人目の子どもをよく観察してみてください。お母さんが教えなくても、お兄ちゃんやお姉ちゃんの遊びを真似て一人遊びをし、元気に育っている子どもがいませんか。時に下の子どもは、上の子どもよりいろいろ考え、工夫して遊ぶこともあると思います。お母さんが、お兄ちゃんやお姉ちゃんに注意したことを、下の子どもが先取りして、良い意味で要領よく学んでいませんか。これを子どもの『学び合い』というのです。子どもは、自然にこの学び合いをしているのです。だから、このような時には、子どもをそっと受け止めて観察していればよいのです。子育てで大事なことは、子どもの学ぶための環境を用意することなのです。

どのような社会でも、人間関係のトラブルは無くなりません。だから、人との出会い、人との関わり合いというコミュニケーションが問題になるのです。残念ながら現在の状況は、子どものコミュニケーション力が思うように育っていないと思います。人は、相手を尊重するから相手に大事にされるのです。上手い関係づくりをしようと自己主張ばかりしていては、人間関係は上手くいきません。人間関係のトラブルの九割が対人関係だと言われているのに、相手の観察や理解よりも、いかに自分自身が受け入れられるか、という人間関係づくりの意識が強くみられるからです。ましてや、これからの社会は、国境を越えて文化や生活の異なる人との交流が、日常的に行われるグローバル社会になります。文化や考え方の異なる人との交流は、まず、相手の理解が必要になります。子どもにとっては、身近にいる友だちや子ども同士の人間関係が、円滑に営まれる交流体験を通した指導が必要になるのです。

次に、現代の子育ての問題として注目されることは、物質的に充たされ成熟し豊かな社会に生活している子どもにとって、一人ひとりの個性を活かそうという『希少性』の問題です。つまり、みんな同じではなく一人ひとりの子どもらしさ、自己の個性を活かすための関わりが課題になっています。今までの生活は、みんな同じように育てられて、同質性の高い社会での過ごし方を指導してきましたが、現在その転換期に来ているのです。これからは、一人ひとりの子ども自身の個性に目を向けて育てる時代が来ているのです。子どもの持ち味や強みは、きょうだいでも異なります。小さい時から、子どもの興味や関心事に気づいて育てようということです。子どもが成長して不透明で流動性の高い社会に出た時に、自己の個性となる特長、子どもの強みや持ち味を活かし、他者と円滑に関われるように育てることが必要になっているのです。

こうした子どもの資質は、子どもが社会で生きる土台になるものなのです。しかも、子どもの学びの土台づくりは、家庭であり、幼稚園や小学校なのです。従って、親や教員が子どもの面倒を見るために必要なことは、子どもの生活している環境に目を向けることです。現代社会の子どもが抱えているリスクや子どもの問題は、子どもを育てる親や教員の関わりの課題になってくるのです。一人ひとりの子どもが求めている関わりは、みんな違いますし、それを、子どもは、言葉で教えてくれません。若いころに先輩の教員から、「子どもから目を離さず観察を」と、よく言われたものです。子どもを育てるということは、企業が商品をつくるのとは異なります。お母さんは、ＩＣＴの社会を生きる子どもには、人間性豊かな子どもの心を育ててください。そのために親は、良い親になることよりも、子どもの様子を見ていて、時に過保護になり、時に親が我慢して子どもを突き放すことも、子どもが育つためには必要なことです。大事なことは、子どもをよく観察して、その子どもが伸びるための『良い親子関係』を築くことです。わが子らしい子育てができるように関わることです。

子どもの面倒を見ているお母さん。繰り返しになりますが、この本は子育てのマニュアル本ではありません。とくに、子どもの人生の土台ともいえる、幼児期から小学校時代の親の関わりを中心に、子育ての本質をまとめたものです。保護者の皆さんが自分の子どもに関わるときのヒントになればよいと思っています。これからは、子どもの実態を理解し人生100年時代の生活に耐えうる、子どもの個性を活かした子どものための子育てを考えていただければと思います。

最後に、私の教育活動の支援者であるグローバル教育出版の山本浩二社長には、子育ての混乱期で、子どもとの関わりを社会問題として考えなければならないことをよく理解していただいて、すでに子どものための教員の教科書（『先生！　子どもが元気に育っていますか？』）、或いは、子どもに関わる親のための本（『お父さん お母さん 気づいていますか？子どものこころ』）を上梓させていただきました。さらに今回は、幼児教育の本質を踏まえて幼稚園経営にあたっている湘南学園幼稚園の園長、古田優子先生と、これからの幼児教育について多くの意見交換ができました。また、小学生の指導については、長年にわたって私立小学校に勤められた元校長、小川正先生のご助言もいただいてこの本がまとめられたこと、合わせて皆さんに感謝しお礼を申し上げるところです。

淡路 子育て支援教育研究所　淡路雅夫

目次

第二章　幼児教育の意味と、子どもの人生の土台づくり　49

第三章　子どもにとっての小学校生活の意味

自分づくりを考える小学生の指導ポイント　82

第四章　私立中学受験を考える時　105

私立中学受験が上手くいく指導ポイント　106

第五章　キャリア教育としての子育てを

第一章　子育ては、社会の変化を理解して

現代社会を生きる子育ての指導ポイント

①「現代社会は、多様化社会です。他人に違和感を与えずに迷惑をかけなければ、何でもできる社会ですから、自分の考えが必要になります。いや、自分の意見・自己の考えが必要な社会です。子どもの生活を通して、幼児期から『判断・決断』の習慣を心がけましょう。」

②「成熟社会（豊かな社会）は、サービスが行き届きがちです。ましてや少子化の中の子育てです。子どもは自分のことを自分でせずに、周りの大人が子どもに手を出しがちです。愛情と、手出し口出しとは違います。子どもには、サービスが無くなった時のことを考えて、『自分のことは自分で』できるように、『自律』の習慣を育てましょう。」

③「子どもは、21世紀社会を生きるのです。これからの未来社会は、見通しのきかない不安定な社会です。日本的なモデルが崩れ、国際標準を如何に取り入れるかの時代です。また、業種によっては、同じ仕事が10年と続かないとも言われています。人生は、一本道ではなく、仕事も職場も複数体験しなければならないでしょう。未来に生きる子どもたちは、いつでも転職できる、キャリアを形成しなければ行き詰ってしまいます。早いうちから体験と経験を、特技（強み）につなげることを意識しておきましょう。」

④「今までの生活観は、いかにしたら『思うようにいくか』という考えでした。しかし、私たちの生活は、本来、思うようにいかないのが当たり前です。だから努力をしたり、工夫をするのです。これからますます不安定な社会になります。子どもには、『思うようにいかないことが当たり前』という意識の転換が必要です。想定内の問題はもちろん、想定外の問題についても、『その時あなたはどうするか』という視点に立って、子どもの危機感と緊張感を育てておくことが大切になると思います。」

1　子ども受難・親受難と言われる社会の子育て

幼児や小学生の子どもの育て方についてお話しする前に、お父さん、お母さんの子育てに影響を与えている社会の要因とこれからの子育ての現代的課題について少しまとめておきたいと思います。

『担任が変わると子どもが変わる』とは、よく聞かれる言葉ですね。私の経験でも、確かにそういう傾向はあります。では、なぜ、担任が変わると子どもが変わるかです。それは、担任によって子どもを受け止める関わりが、異なるからです。担任が、子どもの現実を受け止めて、子どもの考えや行動を認め受け入れるからです。その上で、担任の考えを子どもたちに主張するから子どもは自己省察をはじめ、自己を変えていくのです。つまり、担任の指導には、担任の先生の育ち方、キャリアが影響しているのです。そして、そのことは、家庭での親子関係にも同じことが言えるのです。子どもへの親の関わりが少し変わると、子どもの意識や生活が変わることがあるのです。

現代社会のお父さんやお母さんの多くは、経済的にも社会的にも豊かで安定した社会で、どのようにでも生活できる多様な社会で育てられてきました。お父さんやお母さんは、自分の親からいろいろな考え方や生活の仕方を教えられて、今日の生活を築いている方が多いと思います。人間は、生まれてきた社会の影響や周囲にいる友だちや環境の影響を受けて、親になっているのです。一人っ子で育てられた親の「のんびり」さ、三人きょうだいの末っ子で育ったお父さんお母さんの「甘え」などは、まさに育った環境の影響があると思います。その育ち方が、自分の子どもへの子育てに影響を、与えているのです。

そこで、子どもを育てる場合には、親も先生も子どもの育っている状況によって、子どもの意識は異なるということを、頭に入れておかなければならないのです。例えば、自由という名目で、放任されて育てられた親は、親になってから一生懸命に子育てしようとしても、何をどのように子どもに関わったらよいのか、不安を抱いてしまいます。それは、子育てをする上でのコンパスを、持ち合わせていないからです。そのコンパスは、行動するための基準となる羅針盤なのです。ものを考えたり行動するときに、その良し悪しは別として、自己の育てられ方や生活の行動基準をもっていれば、不安が小さくなるはずです。

他方、厳しすぎる子育てをされた親は、逆に、子どもを甘やかしがちになります。もちろん、こうした考えは、傾向のお話ですが、人間にとって大事なことは、生活や行動の基準をもっていることが大切だということなのです。子どもは子育ち一年目ですが、後述するように、子どもにも学ぶ力があるのです。親の場合も同じです。多くの親は、自分が親から育てられた経験を、それとなく思い起こしたり、友だちの子育ての情報を得て、それらを参考にしながら、さらに良い子育てをしたいと、欲を出してしまうのが世間の親の考えなのです。

ところが、子育てに特別良い方法、正解はありません。子育ての基本は、子どもが、これから自分で考えて生活できるように支援するのが、親の役割なのです。ただお父さんやお母さんの育てられた時代と社会が変化しているため、子どもが生きる将来社会を少し予測して子育てする必要があります。その上で、社会の状況に耐えられる教養や人間力、豊かに生活できる知識や技能を習得して、人生の土台となる幼児教育や小学校の生活を、体験させることが必要になるのです。つまり、先に述べた生活のための行動基準や判断するコンパスを、子どもの生活体験を通して経験させておくことが大切なことになるのです。

具体的には、子どもの育て方とは、良くも悪くもお父さんやお母さんの育てられ方や育ち方を振り返りながら、自分の子どもがこれからの社会で自分で考え、元気に生活できるような生活体験を支援すればよいのです。子育てに、正解はないとお話ししましたが、人育ては、モノづくりとは異なります。一人ひとりの子どもは、それぞれ感性を持っていますから、同じ親に育てられても育ち方は違います。子どもは、自分の生活を通していろいろと気づき考えながら、自分らしい生活をしているのです。子どもは、同じ生活体験をしても、気づくことはみんな違います。子どもの生活の中での体験や経験を、自分の生きる力に活かすように支援をすることができれば、立派なわが子のための子育てになるのです。それが、子どもに必要な親子関係なのです。

2　子どもは、育てられたように育つ

高度経済成長期には、とかく、自由な雰囲気が子育てにありました。経済的に豊かになり、社会での生活意識も自分重視という風潮が生まれました。子育てもものわかりの良い友だちのような親子が生まれ、子どもの思うようになる育て方が流行りました。その結果子どもは、秩序意識、社会のルールやマナーが希薄になり、結果として、我慢する力や忍耐力も脆弱になり、子ども自身の生活習慣にも影響が出てきて、子どもが社会生活をするうえで戸惑いを感じるケースが多くなってきたのです。

子どもは、厳しく育てられれば、社会生活のルールは守りますが、厳しすぎると子どもは良い子ぶって育ちます。しかし、良い子ぶっている子どもの内面では、ストレスという不満を抱きながら育つことになります。そのストレスは、親の目の届かないところで発散されることがあります。他方、放任されて自分の思うように育てられた子どもは、表面的には満足して育っているように見えますが、やはり生活をするうえでの充足感が薄く、忍耐力の弱い自己中心的な意識が強くなる傾向がみられるのです。それがまた、学校や社会に、人間関係の上手くいかない子どもが増える要因の一つになっているのです。

子どもの育ちは、社会が変わっても指導内容は変わらないと思います。それは、社会生活をするうえで大切なことは、人間関係です。人間社会のトラブルの多くは、対人関係と言われる理由です。人間は、相手を受け入れるから、相手が自己の考えや行動を受け入れてくれるのです。それがいま話題になっている、コミュニケーションの本質ではありませんか。相手を考えずに、自己主張ばかりする自己中心でおカネ中心の生活では、どんなに知識や技術をもっていても人間関係は上手くいかず、社会に受け入れられません。人間は、人の中に受け入れられて自己の培った能力が活かされ、社会に貢献できるようになる育て方が、大切なのです。人間社会ではどんなに社会が変わっても、人や社会との関係で育てられることが重要なのです。

子どもは、甘やかされて育てれば甘えん坊に、愛情が足りなければ心の不安定な子どもになると言われます。子どもへの関わりのしわ寄せは、家庭で問題になっている子どもの「引きこもり」に影響していないでしょうか。戦後の学校現場にあっても「登校拒否」の問題から、「不登校」という問題が社会問題になっていますが、彼らの問題の背景には人間関係の関わりがその要因の一つとして感じられるからです。どのような社会になっても、親は子どもが心を安定させて自分らしい生き方が営めるよう、日頃から子どもの内面に『気配り』をして子どもが元気になる子育てをする必要があります。それが、子どもの面倒を見ることであり、子どもの能力を伸ばすことにつながるのです。

3　人生の基盤は、幼児教育から始まる

子どもが授かったと知った時、多くの親は、『元気に生まれてきますように』と願います。ところが、いざ子どもが生まれると、子どものためではなく、親のための子育て意識が強くなるように感じます。前述のように、子育ての目的は、子どもが人間社会で自分の培った持ち味を発揮して、社会人として生活できるように育てることです。

子どもは、お母さんのお腹から誕生したときには、生物学的なヒトです。そのヒトを、『社会的人間』に育てるのが子育てです。その育てるプロセスが、『しつけ』であり『教育』なのです。またそのために人間は、言葉や文化を持っているのです。つまり、人間として周囲の人と仲良く生活し、お互いに満足いくような関係を築くために必要な、基礎的知識や技能を学ぶのです。また、人間は、相手を知りお互いに理解し合い、交流できる人間関係

を営むことができる能力を持っているのです。

親や教員は、子どもを育てるために社会がどのように変わっても生きられる、基礎・基本を思い起こすことです。いつの時代でも、親は、子どもが人間社会に必要なことを伝えようと、子育てをしてきたのです。まずは、子どもの人間性を育てることではないでしょうか。例えば、家庭で育てておかなければならない課題があります。それは、知識や情報を活かすために必要なやる気や忍耐力、協調性、それに学んだことを実践するための行動力です。現代の子どもに足りない、『見えない学力』といわれる資質です。実は、その学力の学びが、小学校に入学してからの国語や算数などの知識を習得する教科学習に、活かされるのです。

子どもは、たとえ幼児であっても周囲への関心や興味をもったものに意識を向けて、『なぜ?』『どうして!』という学ぶ力を持っています。ですから、親や教員は、子どもの気づいた疑問について一緒に考え、寄り添う環境が必要になるのです。そして、一人ひとりの子どもの気づきは、それがきょうだいであってもそれぞれに異なった特性を育んでいるのです。例えば、長子と二番目の子どもの気づき力は違いますし、もちろん、三人きょうだいの子どもの性格と気づき力も異なってきます。それは、子どもを育てる親の環境の違いによる、気づきと学びの違いに関連しているといってもよいのです。

お母さんは、子どもの見えない資質を伸ばすために、子どもが気づいたり感じたりした興味や関心事に、耳を傾けてあげてほしいと思います。親が、子どもの気づいたことに無頓着になると、子どもの学びの機会が脆弱になっていきます。現代社会の子どもは、きょうだいが少なく、ましてや、外での遊びを通して友だちから気づき考える機会が、あまり多くありません。そのため、この見えない学力をお母さんとの関わりや幼稚園、小学校の生活で、もっともっと育ててほしいと思います。こうした資質が上手く育てられないと、子ども自身も、周囲のことにだんだん無関心になって、徐々に生活意欲や学習意欲にも影響が出ることがあります。

幼児期から育ててほしい、見えない学力として大切なことは、子どもの発言や行動の内容を評価するのではなく、考えたり行動したことをそのまま認めてやることです。幼児が上手くできるようなことがあるでしょうか。いや上手くお話しできなくても、上手く歌えなくてもいいのです。幼児期に上手くいくことよりも、子どもが興味をもち関心をもって元気に挑戦する力を育てることこそが、子ども自身の生きるエネルギーを育てることになるのです。それが、後の子どものモチベーションにつながっていくのです。子どものもっている好奇心を、大切にしてください。

4　これからは、21世紀型社会の子育てを

すでにお気づきになっていると思いますが、子育ての目的は、一人ひとりの子どもの人

間性を育て、それぞれの子どもの特性を伸ばし、自律した社会生活ができるように育てることです。実は、戦後の日本の教育は、学校でも家庭でもみんな同じ育て方をしてきました。みんなが同じことを知って、同じことができるようにという、標準的な教育に重点をおいてきたのです。そのお陰で、子ども全体の教育レベルの標準は上がりました。しかし、これからの教育は、先の見通しのきかない社会の変化に対応するために、一人ひとりの特性を伸ばす必要が課題になっているのです。今までは、「出る杭」になるなと教えられてきましたが、これからは標準的な社会で、「出る杭」が必要になってきているのです。

経済が発展し成熟した社会になり、みんな同じ考えや生活をしていたのでは、いろいろな面で個人的にも社会的にも行き詰まってしまうからです。社会は進歩していかなければならないのです。社会の変化に応じて、変わっていかなければならないのです。しかも、社会の多様化が進んでくると、ますます一人ひとりの個性が活かされる、いわゆる、その子どもらしいという『希少性』が、重要視されてきているのです。

お母さん、これからは、子どもの生き方が変わっていくのです。子どもの将来の社会は、お母さんが育てられた社会とは大きく異なることでしょう。そうした社会生活に耐えられる指導を、しておかなければならない状況になっているのです。みんなと同じ考え方や生き方を子育ての目的にするのではなく、みんなとは違う考え方や生き方、その子だけがもっている希少な価値こそ、子育ての課題になってきているのです。そこで、子どもには、みんなのできる基本的なことはもちろん、みんなのもっていない特性、『子ども自身の持ち味を育てる子育て』を考えることです。お母さん、子どもの強みを育てましょう。

さらに、人生80年の時代から100年時代へと子どもの生きる時間が長くなり、その間の生き方も大きく変わろうとしています。仕事（企業）も10年単位で倒産したり、新しく起業されたりすることが、多くなると言われています。すでに、多くの仕事が起業され、消えるのも早い社会になっています。従って、これからの人間は、今までのように同じ職場に30年、40年間と勤めることも少なくなるでしょう。多彩な資質や技能をもつ人は、転職も多くなるでしょう。すでに若者の中には、社会の変化を見越して多様な進路を、想定し始めています。自己の趣味や関心事に目を向けて、複数の職業（複業）や多彩な趣味を活かした豊かなキャリアを形成して、生き方の先取りをしようとしている若者が増えていることも、子育ての参考になるのです。

これからの子どもの将来は、定年後の人生も家庭で老後（？）を過ごすのではなく、自己の培ってきた特技や資質を活かして、さらに仕事を継続したり社会活動をする人も、多くなると推測されます。「働き方」も大きく変わるでしょう。「新型コロナウイルス」問題での対応を見てください。非常事態とはいえ、リモートワーク・テレワークと、職場へ行かずに仕事を始めているではありませんか。これから子どもの人生は、多様が当たり前になるのです。子どもにとっては、１００年近い時間を同じ環境で過ごすことはできません。常に、曲がり角があって右へ行くか左へ行くかを、『判断・決断』することを余儀なくされるのです。

これからの子どもの生活は、『何をどのようにしたらよいか』、子ども自身が、常に判断して、前へ進む力をもっていなければならないのです。従って、お母さん方には、子どもに必要な資質として、『その時どうする?』という判断をする意識と決断する勇気を養っておくこと、それを日常の習慣にすることとの必要に気づかれることです。従って、親の子どもへの関わりは、子どもの行動を親が教えるのではなく、日常生活の中で、子ども自身に、まず、食べるもの、今日着るもの、遊び方など、自分の意思で考えさせる習慣を、身につけさせたいものです。子育ては、親の育った経験や体験を踏まえて、どうしたら子どもが社会で生きていけるかを考えながら、一人ひとりの子どもの生きるための資質を育てることです。それが、子どもに必要な生きるための基盤づくりなのです。幼児期に、自分で考えさせ、自分で遊べる子どもを育てようという幼稚園が多いのは、そういう意味があるからなのです。幼児期には、人生の土台とも言える、生きるための基盤づくりをしておきたいものです。

5　親の「意識」が変われば、子どもは変わる

『可愛い子どもには、旅をさせよう』という格言があります。しかし、現代社会の多くの親の考えには、可愛いわが子には失敗しない、或いは、転ばないようにという育て方がみられます。しかし、これからは、『可愛い子どもには、体験をさせよう』です。複雑で多様化した不安定な社会で、生きるための自己体験です。子どもの体験から、生きる判断や自信を育てることです。不確実で先の見通せない社会では、ますます思うようにいかないことが、多くなるでしょう。親が、常に、子どものそばにいて子どもの面倒を見ることはできません。それよりも、子どもの葛藤や課題を子どもと一緒に受け止めて、その課題を乗り越えさせる関わりが、子どものためになるのです。

今までの子育ては、親が『子どものため』と称して、生活の仕方を丁寧に教えてきました。とてもきめ細かく、子どもの面倒を見てきたように思います。しかし、その面倒見よく育てられた多くの子どもは、自律心にしても、或いは、自分が何をしたらよいか考え行動することにも、脆弱さが目立っているのです。親が子どもの困った時に助けられるうちは、子どもは元気です。親の支援がなくなると、子どもに元気がなくなります。つまり、親が生み出した『面倒見の落とし穴』なのです。例えば、元気な子どもが精神的に不安定になり、生活も消極的になり、外出することさえ苦痛になることがあります。すでに指摘しているように、子どもの中には、食欲や生活意欲が減退して、それが時に消極的でネガティブになっている子ども（不登校や引きこもり）の要因の一つになっていることも否定できないのです。

子どもの生活は、最初のうちは上手くいっていても、だんだん上手くいかなくなり、劣等感やストレスをため込んでしまいます。劣等感をもってしまった子どもの指導は、とても大変です。そうならないためにも、この問題は、子どもにとって重要な親の関わりなのです。

子どもは、常に、元気で人と交わり、自分の欲求を実現したいと思っているのです。ところが、親に助けられて上手くいく生活をしていても、それが思うようにいかなくなると、社会生活から引いてしまいがちです。実は、子どもが自分の思うようにいかないこと、問題を抱えることは、子どもの学びのチャンスなのです。たとえその問題が解決できなくても、親と一緒に問題を改善するための努力をすればよいのです。その関わりこそ、子どもの面倒を見ることになるのです。子どもの求めることを何でも応じて叶えること、子どもの問題解決が面倒見だという親が少なくありません。それは結果として子どもを甘やかすことになっているだけです。世の中には、時に、理不尽なことで解決のできない問題は、たくさんあります。子どもの育ちには、その体験の結果の良し悪しではなく、子どもの問題を乗り越えられるように体験を話し合い、子どもの生きる教材になるよう、活かすことが必要なのです。子どもの生活が、思うようにいかない時こそ、子どものモチベーションを高めるチャンスなのです。子どもは、自分の状態を親に知ってほしい、自分の葛藤に気づいてほしいと思っているからです。

6　子どもが、自分のことは自分で考えられる子育てを

最近、自分で考えることをしないで、何でも親に聞いて生活する子どもが増えていることが、問題になっています。考える力、思考力が弱いと言われる子どものことで、社会問題にもなっているのです。その理由の一つには、自分の生活について、判断や決断する機会の少ないことが挙げられると思います。つまり、子どもの主体性や自主性との関係もあげられるのです。

それでは、なぜ、子どもは自分で考えないのでしょうか。子どもの主体性や自主性を育てていないからです。その理由は、いくつかありますが、子どもが考えなくても周りで準備をし、お膳立てしてしまっている背景があるからです。『カーリング・ママ』という言葉

を聞いたことがあると思います。カーリングのコマを選手の思う方向へ箒《ほうき》のような道具を使ってコマを滑りやすくし、選手の思う方向にコマを滑らせることです。

つまり、お母さんが、子どもの意思を聴かずにお母さんの意思で、子育てをしているということです。しかも、親が、子どもの生活が上手くいくようにすぐに指示を出して、子どもが考えなくても良いように親のもっている正解を教えて、育てている傾向が強くなっているのです。

いちいち親が指示してしまうと、子どもは考えることを停止し、言われたことを言われたように行動するだけの生活になってしまいます。そして、上手くいかなければ親の責任に転嫁するということになるのです。

現代社会では、すでに社会に出ている若者の中にも、すぐに上司にマニュアルを求める若者が増えていますが、こうした若者の多くも、子どものころからお母さんの指示や正解を教えられてきた人なのです。お母さんの言うように育ってきた経験を持っている若者が、多くなっているのです。子どもの時から、この思考停止の生活で育てられた若者が、問題になっているのです。しかし、これからのモデルの無い不確実な社会で生きなければならない子どもは、自分で考えて行動することが、要求されているのです。子どもが自分らしく生きるためには、自分で気づき考える習慣を育てることです。それが子どもへの愛情なのです。自分で考える習慣をもたないと、スマホや他者の意見を聞いたりマニュアルを求めたりして、主体性のない生活を余儀なくされるのです。

これからの社会状況は、考えが正解か否かは別として、個人の考えがますます求められる社会になっているのです。そのためには、子どもに指示することや教えることを控えて、子どもにいろいろな体験や経験をさせましょう。そのうえで、体験の結果を振り返り、生きるための価値付けをして子どもの思考力を高める。それが、子どもの意思を尊重する育て方で親や教員の役割になります。すでに、「大学入試改革」という言葉を耳にしていると思います。中学受験でも、子どもの考えを問う「記述式問題」の入試が増えてきている現象も、同じ流れなのです。子どもは、どんなに小さくても自分で気づき、考える力を備えているのです。自分で気づき考えて体験したことは、その子どもだけの財産なのです。そして、子どもの生きる強さ、自信につながるのです。その体験による自信こそ、子どもの自己肯定感につながるのです。これからは、言われたことだけを言われたようにしかできない子どもや、家庭や社会のお客さんになってしまわないよう、自分の考えを持った子どもに育てたいものです。

7 家族みんなが、「当事者意識」をもって

人間は、人によって育てられます。家庭にいる子どもも、家族や社会にある多くの集団の中で育てられているのです。そこで、子どもの育つ環境が問題になるのです。

戦後の家庭環境は、核家族というお父さんを中心にしてお母さんと子ども二人のモデルが、社会の標準単位のように考えられてきました。ところが、最近は、子どもは一人っ子

が多くなり、しかも専業主婦として家庭にいたお母さんも、働きに出るという共働き家庭が増えて、どのように家族関係を営んだらよいか、という問題が社会問題になりつつあります。

子どもを育てるという視点で、家族の運営についてお話をしておきたいと思います。日本の家族は、伝統的にお父さんを中心に構成されてきましたが、すでに社会が変わり、それができなくなってきています。生活は豊かになったのに、お父さんは、仕事人間の社会です。お父さんを待って夕食の団欒ができるでしょうか。無理なことです。お母さんは、手作りの料理で食卓を飾りたくても、お母さんも共働きになっていて、これも無理が生じています。毎日、夕食の団欒や手作りの料理という、今までの家族の意識を変えなければならないのです。経済社会が変わってきたのです。そこで、これからの社会は、お父さんやお母さんを中心に、家族みんなが家族の主体となり、家族みんなが「当事者意識」をもって、家族集団を考えなくてはならない時代になっているのです。家族は、本来、構成員の心の

「居場所」であり、安らぎの「場」なのです。そのために家族一人ひとりができることを提供し合い、お互いに住みやすくする努力が必要なのです。お互いに家族という集団での、パートナー意識をもつということです。

これから、住みやすい家族をつくるためには、お父さんとお母さんと子どもが、それぞれの状況で何ができるかを考えることです。例えば、お父さんは家族のために収入を得るために外へ出ることが多いでしょう。お母さんにしても、家事や育児、子育て、近所とのお付き合いもあるでしょう。最近は、共働きでお母さんが外に出ることが多くなっていますから、家事の一部は、お父さんと子どもが支援することを考えなければ、家族の仕事量（家事）と関係性は、保てなくなります。子どもは、何もできないという親がいますが、幼稚園や小学校に行くと、自分のことは自分でできるように指導されているのです。幼稚園や小学校では、子どもでも大人顔負けのことを子どもが発言したり、行動をしています。

例えば、年長の園児のお泊り会。みんなが楽しく過ごせるようにと、どんな遊びをするか、食事は何をつくるか、布団はどのように敷くか、園児たちが決めている幼稚園があります。あんなお料理もこんな食事もつくりたいと言う園児の声に、「そんなにたくさん作っていたら遊ぶ時間が無くなってしまうよ」と、調整役の子どもが登場してメニューを選択するのです。なかには、アレルギーのある子には、この料理大丈夫かなと、先生に質問する光景も見られるのです。さらに、小学生になれば、主体的に生活することが多くなります。自分の教室のお掃除は自分たちで、また、片付けも自分でやっています。給食の配膳にも先生は手を出しません。自分に与えられたことだけではなく、自分で気づいたことを積極的に行動し、子どもの協働を育てている学校も少なくないのです。もちろん、子どもの場合は、年齢や発達に応じた関わりです。

幼稚園や小学校で、せっかく主体的に自律心を育てているのに、どうして家庭でそれを実践しないのでしょうか。いや、逆かもしれません。家庭で住みやすい生活づくりのために、自分のできること、気づいたこと、考えていることを家族で話し合って、みんなでできることを実践していたら、子どもは、幼稚園や小学校でさらに協調性や社会性を発揮して、お友だちと良い関係を築くことができるようになるのです。そして、家庭には、お客さんはいなくなります。みんなが、家族の当事者になるからです。実際には、逆のケースが多く、お母さんの負担が問題になっているのです。お母さんが出張して家を空けても、家に居る家族が食事を準備したり、後片付けをしている家族もあります。大事なことは、家庭の仕事の役割を固定しないことです。役割を固定してしまうと、自分に与えられたことだけをすればよいということになって、周りの人が困っていても自分の役割ではないからと無関心になり、家族との関係性を閉じてしまうことになるからです。さらに心がけなければならないことは、家族の仕事は、まかせたらお互いに文句を言わないことです。必要なのは、感謝の心です。

親は、子どもが社会で自律するための土台づくりを意識する必要があります。例えば、お手伝い一つとっても、それは、家族のための仕事の手助けだけでなく、子どもにとって人のために役に立ったという意識を育てることになります。家族から喜ばれると嬉しくなり、またお手伝いをしたいという欲求にかられるのです。家族からの感謝は、子どもに人とのつながりの喜びや他者への貢献意欲を育てることになります。子どものお手伝いは当たり前ではなく、常に感謝の言葉をかけたいものです。それが子どもに社会の居場所をつくることにもつながるのです。家族も社会の組織の一部である、という認識を持つ時期かと思います。子どもを少しずつ「人として尊重」していくと、子どもの自律の助けにもなるのです。

さらに親は、常に、家庭と社会をつなぐ『窓』をもって、その窓を開けたり閉めたりしながら、子どものマナーや社会性を育てるとよいと思います。それが、結果として、小さな家族でも子どもが社会で孤立しない、チームワーク（ネットワーク）づくりにもつながるのです。これからの社会は、人間同士の『つながり』が人を救うのです。人との出会いが、子どもを育てることにつながるのです。

第二章　幼児教育の意味と、子どもの人生の土台づくり

幼児の感性と自主性を伸ばす指導ポイント

①「幼児の生活は、周囲への関心と興味の毎日です。でも、その背景には、驚きと恐怖感がまとわりついています。線路の近くで電車を見たいけれど、電車の走る大きな音には、恐怖感を抱きます。子どもの心を考えて、子どもと手をつないだり肌の触れ合いをすることが、大切な時期です。」

②「幼児は、周囲への関心と不安との緊張感の中で生活していますから、一人で生活している時には、できるだけ一人で遊ばせておくことです。子どもの集中する時間、思考している時間だからです。一緒に遊ぼうと求めてきた時には、それを受け入れることです。」

③「幼児の活動は、上手くいかないことが多いと思います。いや、その方が当たり前です。そこで、子どもの活動は、結果よりも活動したことが大切なことなのです。お母さんは、子どものがんばったことを評価すると、結果が上手くいかなくても、子どものモチベーションが上がっていくと思います。」

④「お母さんのポジティブなヒントや言葉は、子どもの次の活動の気づきになると思います。自由に考え、新しい気づきへつなげると、子どもは元気に活動するようになります。否定的な見方ではなく、子どもの持っている好奇心を活かして、子どもを元気にすることを心がけたい時期です。」

⑤「言葉が話せるようになると、子どもは自分の体験したことを、お母さんや周囲の人に話したいという欲求にかられます。この時期は、お母さんは、子どもの言うことを一生懸命に聴いてあげることです。聴き上手のお母さんになると、子どもは、話し上手になっていくとともに、安心感を育むようになると思います。」

1　生まれてきてくれて、ありがとう

赤ちゃんが生まれて、親は何を確認するでしょうか。そう、赤ちゃんの「おギャー」という鳴き声ですね。この泣き声を聞いて、「元気に生まれた！」とほっと安心するのではありませんか。赤ちゃんは、泣いていても起きていてもかわいいですね。寝ているときの顔は、とっても可愛くて、ほほや頭に触れたくなりますね。でも、赤ちゃんが寝ているのは安心しているからです。その証拠に、握っていた手をもみじのように広げて眠っているでしょう。

また、赤ちゃんは、お母さんのお腹から誕生して、不安な状況にあるから泣くのです。泣くということは、生きている証拠なのです。赤ちゃんが泣くのは、赤ちゃんの生きるエネルギーなのです。お腹がすいたよ。お尻が濡れた。お母さん寂しいから抱いて、と。泣いている赤ちゃんを抱き上げると、泣きやみますね。それは、赤ちゃんが安心するからです。

赤ちゃんは、言葉では表現できませんが、ちゃんと、自分のしてもらいたいことが、わかっているのです。赤ちゃんは、まだ言葉では言えませんが、自分が今すぐにしてもらいたいことを本能的に気づいて、ちゃんと、お母さんに知らせているのです。

母親になったお母さんは、初めての子育て体験で赤ちゃんの要求は、まだよくわかりません。「なんで泣いているの？」と、心配になります。でも、子どもが二人目・三人目になったら「ちょっと待っていてね！」今、お掃除が終わったら抱いてあげるからねと、赤ちゃんをしばらく泣かせておいても耐えられますね。そして、抱き上げると赤ちゃんは、泣きやみやれやれと思いますね。こんな体験をもっているお母さんは、少なくないのではないでしょうか。どうしても手が離せないときには、赤ちゃんは、泣き疲れるか、あきらめて寝てしまうこともあります。それでも、赤ちゃんは、ちゃんと育っているのです。赤ちゃんが安心して休んでいるときには、そっと見守り、赤ちゃんからの欲求サインが出されたら関わってやることです。

2　乳児を育てるには、「肌」を離すな

私は、ある私立学校の生活指導の先生から、次のような言葉の書かれた一枚のプリントをいただいたことがあります。子育てをしているお母さんには、ぜひ、知っておいてほしい言葉です。

乳児には、しっかり『肌』を離すな。
幼児には、肌を離して『手』を離すな。
少年には、手を離して『目』を離すな。
青年には、目を離して『こころ』を離すな。

赤ちゃんがぐずっているときに、お母さんが抱き上げると「にこにこ」することがわか

りますね。また、赤ちゃんの成長は、とっても早いです。あっという間に、寝がえりをしたりハイハイを始めます。生きる意欲を持っているからです。ハイハイが始まると、すぐに歩き出します。親は、そんなわが子が可愛くて、すぐに抱き上げてしまいますが、赤ちゃんのハイハイは、人が歩くことと同じではないでしょうか。その欲求を満たしてあげたらよいと思います。疲れたら休んでいますよ。歩き出した幼児を抱き上げると、「おろして！」と、歩きたいという意思表示をするでしょう。幼児が可愛いからといって、抱いてばかりいては自分の行きたいところへ歩いていけないから、自分で歩きたいと「いやいや」をするようになるのです。

歩き出した幼児は、ほっておくとどこへ行ってしまうかわかりませんから、子どもの安全のために子どもの手を離すなということなのです。赤ちゃんは、お腹がすいたらおっぱいを求め、お腹が満たされたら眠くなります。おしっこやウンチをしたくなれば、好きな時にしてしまいます。もちろん、お母さんの愛情が欲しければ、『抱っこして！』と泣いて要求をします。まだ、周りの状況が判断できませんから、自己中心的です。でも、よく見ていると少しずつ赤ちゃんのリズムでおっぱいを飲んだり眠ったりして、一日一日体重が増えていることに気づくと思います。

それは、赤ちゃんが成長・発達しているということです。さらに、子どもの発達が異なることも、親はよく理解して関わってほしいと思います。赤ちゃんが、ハイハイしたり、つかまり立ちをしたり、自分で歩き出すということも、子どもの発達ということです。その発達は、一人ひとり子どもによって違います。赤ちゃんの首のすわりから、ハイハイや歩き出しの時期も、環境によって異なるようです。

子どもが歩き出したら、「肌を離して『手』を離すな」ということは、子どもはいろいろ珍しいことに関心をもって、動き出すからです。子どもの安全のためには、手をつないでいることです。そして、子どもが、幼稚園の年長さんになったり小学校へ上がったら、自分のことは自分でやらせましょうということなのです。その時、自分でやるための仕掛けが必要なのです。子どもが、自分で行動するには、お母さんの行動、お手本を見せて、親の真似をさせてみましょう。上にきょうだいがいると、その行動を見ていて真似をしようとしますから、その場合は、きょうだいがお手本になっているのです。

お手伝いもお母さんの真似事なのです。お母さんは一緒に行動して、やって見せることです。そして、なぜお母さんはそうするのかを話ながら行動すると、子どもはちゃんと納得できるのです。お手伝いは、お母さんと子どもが一緒に行動する触れ合いの機会であり、子どもにお母さんの愛情を感じさせる時間なのです。小学生になったら、お母さんは、子どもに手をかけずに子どもから目を離さないということです。子どもは、自分で体験してみて、知恵と自信を得ているはずです。子どもは、遊びやお手伝いという体験を通して生活の仕方を学んでいるのです。

3　きょうだい間の心の痛みに、早く気づいて

同じ親が育てているのに、きょうだいの性格が異なっていることに気づかれる、お父さんやお母さんは多いと思います。それは第一子と次に生まれてくる子どもへの、育ちの環境の違いからくるものなのです。例えば、子どもの行事や着るもの、写真の数、声掛けなど、二人目や三人目が生まれても一番小まめに気遣いされて育てられているのは、第一子です。同じ親に育てられていながら、親の子どもたちへの関わりは、昔から子どもの心に大きな影響を与えているのです。少しページを割きますが、親の関わりと子どもへの影響を説明しておきたいと思います。

最近は、一人っ子が多くなって、その性格はやさしく従順で寛大な子どもが多くなっています。それは、子育て一年目の親の関わりに共通点があるからでしょう。親は、子育て

初心者ですから、間違いの無いように緊張して子育てをしようとします。どの家庭でも、面倒見の良い神経細やかなお母さんが多くなります。その意識が子どもにも影響してしまうのです。親が無意識に、子どもに気遣いや気配りをすることが、子どもの自律や、主体性、忍耐力に自然に影響しているのです。『年寄りの子どもは、三文安い』と言う格言がありますが、親の知恵や気配りが行き届きその分慎重になります。そのために、年を取ってから授かった子どもは、とかく、落ち着いていて、もの分かりの良い子が多くなるのです。

また、一人っ子は、親が子どもに合わせて従順に育てていますから、やさしくて素直な性格の子どもが多くみられます。親にとって素直な良い子に育っていると、安心感も生まれます。しかし、家庭で素直な子どもが集団生活に入ると子ども同士の間では、仲間に入っていくことが難しい子どもも増えています。子ども集団の中での一人っ子は、家庭でお母さんがしてくれるように友だちは接してくれません。外の集団に出た時に、時に、強情になって怒りっぽくなったり、わがままを主張する傾向になりがちです。一人っ子の場合は、日常の親の関わりで子どもの甘えや利己的な心、子どもの嫉妬心はどうか、ということについて関心を向けておくとよいと思います。

この一人っ子に下の子が生まれると、親の子育てにも変化が出てきます。一人目は初めての子育てで緊張していますが、二人目になると、お母さんも子育てに余裕が出てきます。最初の子どもの場合は、哺乳瓶を煮沸して使っていても、二人目の場合は、ついお湯ですすいで使ってしまう経験はありませんか。最近は、スマホがありますからいつでも写真撮影ができますが、それでもつい撮影の意識が薄くなり、二番目の子どもの写真の数が少なくなってきます。子どもの方でも二番目は、自分の立場や置かれた状況を判断する力を受け止める傾向があります。家庭の中に自律性を培う環境や雰囲気が、生まれた時から存在しているのです。二番目の子どもは、お兄ちゃんやお姉ちゃんの行動をよく観察していて、上の子どもの真似をして、何でも同じことをやってみたいという主張をします。さらに二番目の子どもは、長子へのお母さんの指導から空気を読んで先取りをし、良い意味での要領良さを身につける子どもが多くなります。

親の関わりの少ない生活環境の中で、第二子の子どもは生活面での調整能力や協調性を体験し、心の葛藤や経験を余儀なくされ、自分でそれを解消する生活をしているのです。とりわけ、三番目の子どもが生まれると、親の目は下の子へ移動しがちになります。二番目の子どもは、親から目や手をかけてもらう機会が少なくなりますから、自分から人当たりの良さや協調性を身につける反面、本心をなかなか表さない頑固で自律心の強い子どもに育つのです。三人きょうだいの真ん中の子どもに、比較的我が強く自己主張の強い性格の子どもが多いのは、子どもの育つ環境が影響しているのです。従って、三人の子どもを持つお母さんは、子どもながらに小さなストレスをためている真ん中の子どもへ、意識して目や声をかけることを進めます。

また、末っ子の性格についてもまとめておきましょう。末っ子へのお母さんの関わりは、上の子どもの子育て経験を活かすことができますから、さらに余裕をもっておおらかな気持ちで子育てができます。その結果、しつけは甘くなりがちです。末っ子自身の育つ環境は、上の子どもの生活を観察しながら、自己の考えや行動をすることができます。常に、生活していてロールモデルがありますから、いろいろ思考力を働かせて学びます。さらに、お母さんの目や心がかけられますから、ゆったりと育ち甘えの心も育っていくようになるのです。そのため、形にはまらず柔軟な意識をもって、状況をよく判断して要領の良さも兼ね備える、甘え上手な性格を身につけている子どもが育つ傾向があるのです。

4　子どもの気づきは、生活意欲の始まり

子どもが歩き出すと、新しい発見の旅が始まります。道端に咲いている色のついた草花や、そこに転がっている石も珍しい発見です。『どうして色がついているの?』『誰がお花に色をつけたの?』或いは、夕陽を見て『お空が火事になったよ!』と、子どもは、いろいろ

なものを見て『意欲』や『感性』を働かせます。

子どもの意欲や感性の基になっているのが、『なぜ?』『どうして』という『気づき』という関心なのです。言葉で思うように表現できなくても、子どもは目や耳から気づきをキャッチして、真似ることを始めるのです。お姉ちゃんやお兄ちゃんの行なった行動、使った言葉から真似が始まります。幼稚園や保育園で年長のお友だちの使った言葉や遊びを、真似て学びます。それが子どもの自信につながるのです。すぐに真似なくても自宅に帰ってから行動することもあり、どこで覚えてきたのだろうかと、驚かされることがよくあると思います。

真似事には、良いことと悪いことの両面があります。園から帰って、良い真似事が子どもの口から出ると、親は微笑ましく思って成長したなと思いますが、悪い真似事、例えば、子どもらしくない言葉を使うと、イラっとして『何でそんな悪い言葉を使うの!』と、とがめがちになります。でも、子どもは、良い言葉・悪い言葉の意味がまだ分かっていないことが多いのです。親が指摘をしなくても、友だち同士でよいか悪いかを学び合うことがあるのです。この言葉は、周囲の人にとってはまずいのかもと、気づくことがあるからです。子どもにとって大切なことは、真似ることができた。友だちが使っている言葉を自分でも使えた、という子どもの意欲の問題なのです。

このような時には、真似る能力を評価して、『すごい言葉を知っているのね！』という声掛けが、子どもの意欲を育てることにつながるのです。子どもは、お母さんの驚きの声かけで、使って良い言葉かどうか気づくはずです。大事なことは、真似ようという意欲と気づきなのです。生活の面で意欲や気づきが育ち、子どものモチベーションが高まることは、将来、知識などの学びの基にもなるのです。

5　子どもの多動な振る舞いは、当たり前

小児科のお医者さんの結婚式に招待されて出席したときに、子どもの遊ぶスペースが会場に設けられていることに、とっても共感したことがあります。招待されたお客さんが比較的若いために、小さな子どもも同伴で出席しているのです。大人は、みなさん小児科医のお祝いをしているのですが、結婚式は、大人の場であり時間です。最近の結婚式は、小家族でしかもご夫婦で呼ばれることがありますから、誰かに預けたり、家に置いてくるわけにはいきません。そこで、子どもを尊重して、子どもには子どものスペースを用意したのです。子どもたちは、子どものスペースで笑ったり大きな声を出したりしながら、自分の意思で時間を過ごしているのです。子どものことも考えた、とても楽しい結婚式でした。

私も幼稚園で講演をすることがありますが、入園前の子どもを連れて講演を聞きに来て

いる保護者が目立ちます。幼稚園でもそれを予測して、子どもの遊ぶスペースを用意してくれるところがあります。子どもは遊具を使って自由に遊んでいますが、中には、会場を動き回るお子さんもいます。私は、予め「ケガさえしなければ子どもの好きにさせておいても結構です」と、言うのですが、お母さんは恐縮しながら、でも、安心して私の話を聴いてくださっています。この結婚式やお母さんの勉強会は、大人の生活、つまり大人の都合の時間ですね。できれば、その時間だけ子どもを預かってくれる人や場所があればよいのですが、日本ではまだまだそのような環境が整っていません。お母さんは、いま、お話を聴いているのだから『お話ししないで、静かにしてね』『動かないで、じっとしていてね』と言われても、『あれもしてみよう、これはどうなっているの、新しいことに気づいたり発見したものを親と共感したい』、と思っている子どもには無理なことです。子どもの多動は、当たり前なのです。それより、学びのエネルギーである『意欲』を、できるだけ消失しないように工夫してやりたいものです。子どもの気づく力や考える力は、『子どもの学び』のための最高のエネルギーなのですから。

6　自分のことが自分でできる子どもは、「主体性や考える力」が育つ

自分のことが自分でできない小学生や中学生が、少しずつ増えています。そのような子どもでも、言われたことだけは行動するのです。ところが、せっかく時間をかけて言われたことができても、残念ながら指示され、強制的にやらされているという感覚が強く、自分でやったという達成感や充足感が、心の中に生まれていないことが多いのです。他方、自分から自主的に行動できるように育てられている子どもは、自分で何をしておいたら良いか、自分から気づいて、自分で考えだすのです。それは、子どもも大人と同じことです。自分から行動している子どもは、その過程でいろいろと気づきが生まれます。他方、強制的にやらされている子どもは、言われたことを終えることが目的になってしまいます。結果に差が出てしまうのです。自主的に行動する子どもの心には、自律心が育ってくるのです。こうした自律心を育てる関わりは、『どうしたらよいか？』『どうしたらほめられるだろう？』

『どうしたら仲間に認められるか?』と、いろいろ考えが及びますから伸びるのです。新たな価値が子どもの心の中に生まれていることに、親や教員が気づいて子どもに関わりたいものです。

多くのお母さんやお父さんは、子どもが『何ができたか・何ができないかということ』についての関心はもっていると思います。しかし、子どもの場合は、未だ生活体験が少ないのですから、いまどのように行動したらよいか?』、遊びや友だちとの関係や家庭でのお手伝いなどの経験や体験を通して、生活の仕方を訓練している最中なのです。その考える場が、家庭や幼稚園・保育園であり、学校なのだということを認識して、結果よりもプロセス（過程）を重視してほしいと思います。

子どもの学びの始まった幼稚園での生活は、子どもが元気に行動（毎日通園すること・園で友だちや先生と一緒に生活できること・友だちと一緒に遊んだりすること）して楽しく過ごし、時に口論になったりぶつかったりして、思うようにいかない体験をさせることが重要なことなのです。子どもにとって大切な学びは、園で上手く歌えたり、お絵描きが上手くできるようになることだけが、目的ではないのです。上手く歌ったり、友だちと仲良く遊んだりできるようになるためには、どうしたらよいかを考えることなのです。園での子どもの生活の目的は、子どもは、自分の生活を通して自分らしい特長を発見し、園で体験する葛藤を『乗り越える力』を養うことなのです。

従って、この時期の子どもの観察は、自分から気づいて主体的に動いているか。どのように工夫しようとしているかも重要なことなのです。親は、子どもがどのように行動しているかを観察していて、夢中になっているときには黙ってみていること、時に、楽しそうだねと子どものモチベーションを上げるような声掛けをして、『あなたの頑張りをお母さんも見ているよ』という関係づくりをしておけばよいのです。それが、子どもにとって親が見ているということ、親に認めてもらっているという関係づくりになり、それが子どもの安心感を生むことになるのです。そうした支援こそ親の面倒見であり、親の愛情なのです。

また、子どもだけでなく最近の若者は、『考える力』が弱いということもよく聞かれます。こんなに豊富な情報があり、教育を受ける環境が存在するのに、『なぜ、考える力が問題になるのか』ということです。いろいろ理由があるでしょうが、その要因の一つは、幼児期からの子どもの育つ環境にあるのではないか、と言われています。最近の社会は、何事も上手くいくようにということで、親も先生もその方法を子どもに指示をして、教えることが多くなっています。それでは、子どもは、自己の行動や判断を自分で考えて決めるのではなく、間違いのない安定指向の生活を追求するようになってしまいます。自分で考えずに、すぐに、マニュアルを求める若者が増えているのも、同じ理由からです。そういうことでは、これからの不確実で不透明な社会に生きるためには、子どもらしい人生が送れなくなる、という課題が生まれているのが現在なのです。

少子化社会ですから、子どもには、間違いのない生活や人生を送らせようと、親の経験に基づいて細かいことまで教えようということは分かりますが、それは、子どもの思考力を停止させることになり、子どもの自律という視点からは問題になります。子どもの興味や関心を中心にして、子どもの生活の中で気づかせたり考えさせることは、そこから知恵が生まれるのです。そして、その知恵は、その子どもだけの考えであり、特性であり、持ち味になるのです。誰からも指示されたものではなく、子どもが自主的に学んだ力になるのです。子どもが、自分で考える力を身につけるということは、つまり、主体性や積極的に生きる子どもを育てることにつながるのです。

7　幼児の「いやいや」は、自律の始まり

子どもの『自律心』の学びは、幼児期の重要な課題です。小学校に入学する前に自分のことは自分でするように意識づけをしたいものです。それでは、どのようにしたら自律心

が育つか、子どもの生活環境を考えてみましょう。

まずは、家庭生活の中に子どものできる役割を増やすことです。家庭の中にルールやけじめのある生活が共有できるようにすることです。家庭の中に、ルールや約束ごとが意識されると、子どもの心の中に家族の役に立っている、自分も家族の一員であるという意識を育てることになるのです。子どものやることは、親が満足いく結果ばかりではありませんし、時間もかかります。上手くいかない場合も多いと思います。でも、そのような時には、『どうしたらいいの？』『どうしたいの？』という問いかけをして、子どもに考えさせるとよいと思います。子どもは、最初から上手くできないのが当たり前なのです。体験させなければ、いつまでたってもできるようになりません。あくまでも、子ども目線で子どもの考えを尊重しながら、子どもの行動したことを認めて改善策を支援してやることです。子どもにとって大切なことは、体験そのものと、前よりも少し変化が生まれることなのです。

子どもの体験こそが、子どもにとって家族の役に立っているという喜びを生み、同時に、お母さんからかけられる子どもへの『ありがとう』という感謝の言葉が、子どもの励みと親子の愛情の認識につながるのです。そうすると、子どもの「いやいや」は少なくなるはずです。何度もお話ししていますが、最初から上手くできる子どもはいません。子どもの主体性と自信を育てるためにも、繰り返して体験させることが子育てにとって大切なのです。子どもは、急がせてもできるようにはなりません。子育てには、促成栽培は役に立たないのです。

8　幼児の生活は、感動体験・異文化体験

幼児教育の課題は、子どもの遊びです。いかに遊べるかということが、大事なのです。子どもは、生活を通して、感動したり、自分と違ったことや楽しいことに気づいたりして、それを自分のものにしようという行動が、子どもの意欲を育てているのです。それは、親や周りから言われてやるのではなく、自分から主体的に行動しているから意欲が高まるの

です。

この時期の子どもにとって大切なことは、主体的・自主的な体験なのです。その体験を通して、生活をする上でのエネルギーを身につけることが必要なのです。そのエネルギーには、生活が楽しいこと、面白いことが重要なのです。お父さんやお母さんも思い出してみてください。運動会やお泊り会の前は、とっても興奮した経験があったと思います。従って、幼児期の子どもの体験は、単なる行事・イベントではないのです。子どもにとっての体験で重要なことは、驚きという『感動』（心）を育てる機会なのです。子どもには、自然の変化や友だちとの違いで、驚きが生まれることもあります。季節や生きものの変化に対応した『どうして？』という質問も生まれます。自分の生活環境とは違う友だちのことをお母さんに報告されることも子どもの驚きなのです。

その違いや驚きを聴き流さないようにしましょう。そのまま受け止めてやってください。

そうすると、子どもの気づきが多くなると思います。子どもの気づいていないことがあったら、「こういうことはどうなの？」と、気づくヒントを出してあげるとよいと思います。そうすると、さらなる意欲が高まります。そして、子ども自身が、自分の考えや意識を親に認めてもらえるということ、自分を信じて支えてくれる雰囲気に気づいて、自分を大事にしてくれるという安心感・信頼感を育てることにもなるのです。

9　子どもの話し上手は、親の聴き上手から

子どもを観察していると、男の子よりも女の子の方が言葉も多く、おしゃべりのようです。脳学者の中には、男の子より女の子の方が、言語能力が発達していると性差を主張していますが、男の子でも、自分のことを聴いてもらいたい・知ってもらいたいという欲求をもっているのです。私も、中学生や高校生の研修などで男女混合にした研究会でのグループワークなどで、やはり、女子生徒の方が発言の数が多いことに気づかされます。そんな時は、一言、『特定の人ばかり発言しないで、皆さんがいろいろな考えをもっているはずですから、仲間

の意見も聴いてやってください！』、とアドバイスをします。そうすると、女子生徒が気づいて、男子生徒に発言の機会を振ることがしばしばみられます。

家庭で一番発言をするのはお母さんだと思います。その次には、お姉さんか妹が発言していませんか。そして、お父さんや男の子は、徐々に言葉が少なくなっていきませんか。男の子が幼稚園や学校から帰ってきたら、お母さんは、まず、男の子に話す機会を与えてほしいと思います。実は、人は、聴き上手の相手には、一生懸命に話す傾向があるのです。『聴き上手は、話し上手を育てる』ということです。自分の考えや話を聴いてもらっているという安心感と、相手に乗せられて話すということですね。男の子には、この手法が重要かもしれません。

子どもから話を聴くときには、よく『子どもの目を見て』と言われますが、しっかりと聴けばよいのです。そのうえで、会話が弾み子どものことを知るための聴き方になるのです。

子どもが思っていること、感じていること、時に、子どもが葛藤していることなどを、幅広く聴く姿勢をもって対話をすることです。そうすると、子どもは、お母さんが、自分のことを知ろうとしてくれている、と感じるようになるのです。子どもが相談しやすい雰囲気づくりをした上で、そのお母さんが子どもの話しに『そうなの！ さすがね！ 素晴らしい！ そうそう』と、子どもの話しに相づちを打ってやると、子どもはますます話しやすくなるはずです。

10　子どもは、本能（感性）から意識化へ

子どもは、お腹がすけば泣き、お尻が汚れれば泣き、お母さんに甘えたければ泣きます。そして、ハイハイしてつかまり立ちをするようになると、何でも口に入れたりテーブルや台から物を落として行動しだします。そうすると、周囲にいる人が自分に関心を向け、おもしろいからです。靴を履いて外出できるようになると、立ち止まって石を拾ったり花や

草を見たり触ったりします。自分の目に入るものは、何でも珍しいので、関心を向けだします。食べ物でも、親は身体のために味の薄いものを食べさせようとしますが、そのうち大人の味のついた食べ物を口にすると、好みがどんどん変わっていきます。トマトやニンジンを好んで食べていた子どもが、急に食べなくなったりして、好き嫌いが始まったのではないかと親の心配が始まります。子どもの意識は、今まで与えられたものを本能で食べていたものが、自分の意識で上手いもの探しが始まったのではないでしょうか。

子どもにとって、食べ物や着るものが自分で選択できる環境に置かれると、自分の好みの主張は早くなるのではないでしょうか。どちらかというと、親は、親の好みで子どもに与えていることが多いですから、子どもに選択させなければ、子どもは与えられたものを食べたり着たりする傾向にあるようです。選ぶ雰囲気や環境が無ければ、子どもの多くは親に従う生活をすると思います。それでも子どもは、周囲にいる仲間や友だちの様子を見たり聞いたりして、自分の好みを考えているものです。私は、こうしたいという思いを抱いているはずです。親は、子どもの意識を高める関わり、子どもに考えさせる関わり方をしてほしいと思います。

とくに、幼児期には、子どもの意見や考えを聴くことが大切だと言われる理由がここにあります。もちろん、子どもは、感性で好き嫌いを主張しますが、次第に自分はこうしたいという意思を持つようになります。子どもが主張できる雰囲気や環境が用意されると、子どもの行動は変わってくると思います。子どもの選択の機会が多くなり、子どもの自主性、つまり自分で気づいて考える生活習慣を身につけるようになります。親にとっては手間、暇がかかり面倒かもしれませんが、子どもの自律につながる大事な関わりだと思います。

前述しているように、子どもの将来は、お母さんの育ってきた時代よりも、自分で判断し決断しなければならない機会が多くなるのです。幼児期から子どもが周囲に関心を向け、自分で気づき、考えて行動できるように、その基礎づくりをする。それが、子どもの主体性を育てることになるのです。

第三章　子どもにとっての小学校生活の意味

自分づくりを考える小学生の指導ポイント

①「小学生の時期の親の放任姿勢は、子どもの『自制心・持続性』に影響を与えます。子どもの生活基準（生活リズム）を育てましょう。」

②「生活のケジメやルールで、我慢の指導をされている子どもや、生活リズムの習慣を訓練されている子どもは、『自律心』が高くなります。」

③「できるだけ子どもへの指示を少なくし、子どもの意見を聴いてあげると、子どもの『表現力・判断力』が身につきます。」

④「子どもの積極性（能動性）を育てるためには、親の働きかけが影響します。親が指示を出し過ぎると、子どもは指示されたことしかやらなくなります。『あなたならどうす

る?』という『指示のない関わり』で、子どもに考えさせてみませんか。」

⑤「テスト（発表会や練習試合等）は、できるようになったところとできないところの確認です。テストの振り返りは、点数より生活習慣・学習方法の確認の機会にしましょう。」

⑥「失敗した時は、なぜ上手くいかなかったのか、どうすれば上手くいくか、その改善（方法）を話し合うことが、子どもの『意欲』の助けになり、子どもへの寄り添いになります。」

⑦「子どもには、親の『優しい顔と厳しい顔』を見せることが大切です。優しさは、相手を受け止める温かさ、厳しさは、協調性や社会性（人として悪いこと、やってはいけないこと）を考えさせる時の叱る顔です。」

⑧「人間は、他人に『評価』されて生きます。人のために（他人が見ている）という気持ちは、子どもを育てます。子どもは、お母さんが大好きですから、いちばん見ていてもらいたいのはお母さんです。」

⑨「抽象的指導ではなく、子どもの発達段階を考えて具体的な関わり（助言）をしましょう。どのように、何をどれだけ……は、親が考えてください。」

⑩「子どもの特性（持ち味）を見つけて、子どもと一緒に育てるのが、親の役割です。きょうだいでも持ち味（強み）は異なりますから、それを認めることが、一人ひとりの子どもを育てることになります。」

1　子どものお勉強は、友だちづくりと生活習慣づくり

小学校に入学したときの子どもの夢を聴くと、子どもは『いっぱい、お友だちをつくって、お勉強をしたい！』といいます。確かに、小学校は、子どもにとって勉強する場なのですが、その夢を実現するための条件があります。それは、『どうしたらお友だちがつくれるか』ということと、『生活習慣』です。

子どもの環境は、一人っ子が多くなり、自分の意識のコントロールができていないお友だちが多くなっています。小学校には、幼稚園と違って友だちと協働するための環境が整っ

ている学校が少ないのです。宗教関係の創設者が設置した学校では、『人は、みんな違いますから、お互いを尊重して』、という人間の存在（尊厳）を指導している学校も見られます。しかし、多くの学校は、生活面より教科の勉強を通しての指導になりがちです。

そこで、幼稚園や小学校の選択と関連すると思うのですが、早くから多くの人間関係との出会い、触れ合いの機会をつくって、友だちとの違いを認識させることが大切です。例えば、習い事やスポーツ体験などで、集団の中でいろいろな子どもとコミュニケーションのできる機会を、体験させることも重要になるのです。

よくコミュニケーションを対話と言いますが、対話をする目的は、子どもを元気に伸ばす関わりのことを言うのです。そのために親が心掛けたいことは、広い心で柔軟に子どもに接することと、すべての子どもの考えや行動を認め、子どもの良いところを評価することです。そうすると子どもは明るく積極的になり、認められたところを伸ばし始めるのです。

さらに、人を助けたり支援する心を持っている、人との触れ合いの多い子どもは、やさしさや思いやりを学ぶ機会にもなります。それが、子ども自身の課題を乗り越える力を養うことにもつながっていることを、親は理解しておきたいものです。

ですから、お友だちと仲良くという前に、友だちとの関係づくり、友だちの『意味』を話してほしいと思います。友だちをつくるためには、『友だちの友だちにならなければ、友だちはできない』ということです。子どもは、友だちが欲しいという自分中心の欲求と選択をしているのです。まず、親が、相手を認め、お互いの助け合いや協力が必要であることを、子どもに理解させることが大切なのです。子どもは、自分の考えや意識を基準にして行動しますから、自分と違うことや友だちを批判する子どもが多くなります。そこで、子どもが集団生活をしていて、自分と違う考えや行動を批判したらそれを受け止めて、『どうして、そうなるのか』を話し合ってほしいのです。子どもの考えや行動には、必ず家庭環境や育ちの背景があるからです。

こうした繰り返しが、他人を受け入れる寛容さを学んでいくのです。親は、友だちを思う気持ちが相手に伝わって、はじめて友だち関係が始まることを子どもにわからせてほしいことも、とくに小学校低学年の時期の課題です。

小学校高学年や中学に入学してくる子どもを見ていて、思いやりや人にやさしさをもった子どもは、小学校低学年ぐらいまでの関わりが影響していると思われます。学校生活の指導で、人を尊重するとか、友だちを大切にという言葉は多く聞かれますが、日常生活を通して子どもに実感できるよう毎日繰り返しをし、根気強く指導しておきたいことです。小学校の集団生活の中で、子どもの人間関係づくりを意識して育てることは、その後の生活に大きく影響するからです。小学校高学年になって、いじめや不登校という問題を抱える子どもの中には、幼児期や小学校低学年の時に、家族の人間関係が上手く満たされていないことが要因になるケースも見聞きしてきました。この時期の子どもには、生活面で経済的に満たされることよりも、心の栄養をたっぷり充足する生活が、必要だと思います。

2　子どもの生活リズムは、教科学習に影響する

子どもがお勉強をしたいと言い出したら、次の言葉を思い出してください。『学習力と生活力は相関関係』がある、ということです。もちろん、親や先生から無理やりやらされて教科の成績を上げている子どもは別です。そうした子どもの場合は、100点をとること、偏差値の高い学校に入ることが目的の生活意識が育ってしまうからです。将来、多くの葛藤や課題を持つことになり、それが心配なのです。だからこそ、親や教員は、学習と生活との関係について知っておかなければならないのです。

それでは、なぜ、生活力の高い子どもは、教科でよい点数をとれるかです。その答えは簡単です。ここで生活力とは、前述したように『自律性』の育てられている子ども、『生活意欲』の高い子ども、良く『気づき考え・行動体験』をしている子ども、子どもの生活を

受容され励まされて育っている子どもをいうのです。

もう少し詳しくお話ししましょう。自律心を育てることは、幼稚園のところでもお話ししましたが、小学校では、子どもの体験をどのように自律に結びつけるか、自律の質をさらに高めるかということをお話ししましょう。小学校では、知識も増えますし、考える力もついてきますから、子どもに生活させることだけが目的ではなく、その生活に価値付けをすることが大切になります。つまり、小学校の生活になると、上手くいったことや思うようにいかないこと、感動したこと、さらに、自分の生活とは異なった気づきや、新しい発見が始まります。自分の思うようにいかないことも多くなってきます。さらに、子どもが、どんなことに気づくかわかりませんから、子どもの周りで起こっている出来事や、子どもが興味関心をもち好奇心が生まれるように、関わっておくことが重要になります。

子どもが、上手くいったときには、嬉しくて積極的に親に話すでしょう。そのような時には、一生懸命に聴いてほめてやることです。そうすると、子どもは、ほめられたり認められたことを、さらに頑張り積極的な生活をするようになるのです。また、思うようにいかなかった場合には、行動したことを『よく頑張ったね』と認めたうえで、その原因をそっと聴いてあげ、それを改善するためにはどのようにしたらよいのか、話題にして助言をしてやれば、新しい励みにつながるのです。

さらに、子どもの心が沈んでいる時には、『大丈夫よ！』と、まずは受け止めて、『やり直しは、やり始め』だと励ましの言葉をかけてあげればよいのです。人間の生活や行動には、常に、振り返りが大切です。最近は、家庭でも学校でも、生活の振り返りが少なくなっているように思います。しかし、振り返って、繰り返しのできる子どもに育てることは、自分の課題を乗り越える力を養うことにつながり、その過程で次第に『強さと逞しさ』を持った人間に育っていくのです。親の生活でも、思うようにいかないことが多くなっていませんか。これから子どもの生活でも「やり直し」の重要な状況になると思います。親は、子どもの生活も思うようにいかないことが当たり前、と認識しておくことが、子どもを育てるうえでは重要になるのです。

3　勉強は、子どもの生活のうちの一部

子どもは、『小学校は、お勉強をするところ』、という思い込みを強くもっています。でも、国語や算数など教科の点数を取る子どもには、生活の仕方に共通点があることをご存知でしょうか。そこで、点数を取っている子どもの共通点を上げてみましょう。

まず、親が子どもの成績の点数に左右されずに、子どもの頑張ったことを評価しているケースが多いということです。最初から、100パーセント頑張れる子どもはいません。できたところ・頑張ったところを評価されると、子どものモチベーションは上がります。子どもの点数は、得意なところは良い点数が取れますが、不得手の分野は、なかなか点数が取

れません。子どもの点数は、わかっているところとこれから勉強をするところの点検材料なのです。このことを親子でしっかり理解しておくことが必要なのです。点数によって子どもは、モチベーションを上げたり下げたりしますから、子どものできたところを評価する関わりは、子どものモチベーションを維持するためにも、とても大切なことなのです。

次に、わからないところがあると、すぐに対応してくれる人がいることです。子どもは、わからないところが出てくると、すぐにあきらめがちです。その結果として分からないところが多くなり、教科嫌いになります。わからないところが出てきたら、何時でも聴ける雰囲気をつくっておいて、できるだけ早く対応してあげることです。

さらに、子どもの教科嫌いに追い打ちをかけることがあります。それは、お母さんから発せられる何気ない『うちの子は、算数ができない！』『国語がダメなの！』という言葉です。低学年のうちは、良い点数を取っている子どもでも、高学年になると思うように点数が取れなくなります。そんな時に、ある教科がダメだと言われて頑張れる子どもはいません。

こうした言葉は、子どもの元気を奪うだけです。点数が悪くても、教科全てが不得意という子どもは少ないと思います。お母さんは、子どもが頑張れる演出をしてみましょう。

学校での学習は、基礎の分野と応用の分野があります。その両方ができる子どももいますが、『学習は、基礎から』です。しかも、基礎力は、学習の六割から七割です。ですから、この基礎の分野がどれだけ分かっているかです。それを判断して、丁寧に基礎の繰り返しをして、できる自信をつけることです。

それから、『時間の使い方』の指導が、小学生の課題としてあげられます。子どもの中には、生活リズムができていない子どもが少なくないのです。何から勉強したらよいか、どのくらいの時間を勉強したらよいか、まだわかっていません。そこで、親は、子どもに時間のメリハリをつける、生活習慣を身につけることです。最初は、終わりの時間を決めてあげることも、習慣づくりのためには必要です。勉強時間の長さは、子どもの性格を考えて楽しく集中できるように心がけることです。勉強時間が長ければ、点数が取れるわけではありません。子どもの集中力と時間の使い方が問題なのです。

子どもにとって、勉強する場所も大切です。子どもは、お母さんがいつも目の届くところにいると、勉強の張り合いが出ます。わからないところが出てきた時に確認もできて、安心感も生まれます。小学生のうちは無理して勉強部屋でやらせるよりも、お母さんの目の届く場所での勉強は、子どもの集中力を高めるためにも必要なのです。最近は、お母さんが家にいる場合には、お母さんの料理をしているキッチンが多いようです。

4　子どもの生活も、上手くいかないのが当たり前

お母さん方の相談の中に、どうしたら子どもが失敗しないで上手く生活していけるか、という内容の質問が増えています。子どもは、不安定な社会を生き抜かなくてはいけません。親として子どもには何とか良い生活をさせたいと考えるのも、無理のないことです。しかし、

親の生活でも、常に、上手くいく生活が当たり前でしょうか。いつの時代でも、そんなことはありません。これから経済的にも社会的にも不安定で、先の見通しのできない社会に生きなければならない子どもに、上手く生きる方法を教えることだけで、子どもは生きていけるでしょうか。

小学校の低学年で、どの教科もよくできるお子さんが、高学年になってなかなか今までと同じ点数が取れなくなって、自信を失ってしまったという相談も少なくありません。サッカーのクラブ活動をしている子どもでも、自分は技術的に優れていると思っていたのに、仲間にさらに上手な子どもがいて、自信を失いサッカーを継続するかどうかという相談もあります。

今まではともかく、これからの社会で生活する子どもには、ものごと『上手くいかないことが当たり前』という考え方に立って、子どもの抱える壁を乗り越える体験をする必要があると思います。上手くいかないなら準備や努力が大切になることに気づかせることです。そして、上手くいった時には、努力の過程を評価して喜びを家族で共有することです。子どもにとって自分の知恵を出す機会は、思うようにいかない時がチャンスなのです。その時の工夫や改善こそ、難問を解決するエネルギーになるのです。何でも思うように育てるということは、子どものためというよりも、子どもの生きる力を奪うことにもなっていることに、気づいてほしいと思います。

5　学習は、基礎と繰り返しが大切

教育現場では、子どもの授業の定着が、問題になっています。同じ授業を受けているのに子どもの「差」が出るのは、授業の聴き方に問題がある場合もありますが、授業後の復習と基礎の繰り返しにあることが多いのです。いわゆる、勉強時間の差なのです。勉強時間の足りない子どもは、わからないところを残したまま進級して、中学・高校に上がっているということです。小学生の課題は、人間関係の基本である友だち関係づくりとともに、授業の基礎の定着があげられる理由です。それでは、どのように授業の定着を図るかです。最近、中学生を対象に授業の補習をします、という塾の看板を掲げている学習塾が目立ちます。また、私立の中学校でも長期の休暇を利用して、授業で行った基礎の繰り返しをする「補習」を始めている私学が、多くなってきました。私学でも、家庭での子どもの勉強時間が少なくなってきて、子どもの学習の理解度の差とともに授業の定着の問題が課題になってきているからです。

そこで、小学校での学習の問題です。子どもは、授業を聴いていて単元の内容がわからないということは、少ないと思います。しかし、授業内容がわかったつもりになっていても、それをよく理解できるようになっているかというと、そこに個人差が生まれてきているのです。授業内容をしっかり理解するための、繰り返しが必要になるのです。その繰り返しによって、まだわかっていないところが見つかり、学習が深まっていくのです。わかったつもり、できたつもりになっている子どもが多いということです。「つもり」学習に、注意しましょう。

習い事やスポーツの学びを考えてみてください。同じ練習を、何度も繰り返すではありませんか。何度も何度も繰り返すうちに、身体で覚えてできるようになることが多いと思います。学びの基本は、学校の授業も同じことなのです。子どもの中には、早く先へ進んで学習を終わらせようという傾向がありますが、小学校の学習からじっくり学ぶ習慣をつけて、授業の定着を図っておきたいものです。上の学年や学校に進級するにつれて、学ぶことが多くなります。それぞれの学年での指導内容の定着は、子どもの学びにとって、とても重要なことです。それが、子どもの将来の生活にとって、とても大切なことなのです。

6　高学年の反抗期は、麻疹《はしか》と同じ

子どもが小学校の高学年になると、お母さんがいろいろ話しかけてもぶすっとして、突然、乱暴な言葉を使うようになってきた。今まで、何でも話してくれた子どもが、無口になってきた。このようなわが子の変化に戸惑っているお母さんは、少なくありません。

子どもを大切に育ててきたお母さんにとって、このような子どもの変化は大変ショックです。しかし、こうした現象は子どもの反抗期の始まりなのです。子どもの反抗期とは、子ども自身の性格や行動について、『自分は、いったい何者なのだろうか』と考える時期なのです。この時期、子どもは、自分自身の内面との対話が始まり、時に友だちと比較をして自己分析をし、自分の好きなところや嫌いな点、自分の得手・不得手、とりわけ、思うようにいかないことに関心がいき、心の不安定になる時期でもあるのです。つまり、反抗期とは、子どもの自分探しと葛藤の時期をいうわけです。そこで、お母さんは、子どもをよく観察していて理解をし、子どもを一人の人間として、心の支えになってあげるとよいと思います。小学校で一度収まった子どもの反抗も、中学一・二年生になると再び始まりますが、子どもの成長段階の現象で、誰もが経験する麻疹《はしか》のようなものです。子どもが無口になるということは、子どもの成長のために子ども自身が、内面の葛藤をしている証しなのです。

こうした子どもの心の変化に気づかないと、お母さんは、自分の思うように子どもに関わろうとして、『早くしなさい！』『勉強しなさい！』と、いつもと同じようにお母さんの考えを押しつけてしまいがちです。子どもは我慢できずに、突然乱暴な言葉を使ったり、中学生になると、言葉より手を出すようになるのです。子どもの反抗については、反抗の軽い家庭の親子の共通した関わりが参考になると思います。その家庭では、子どもの小さい時からお母さんは子どもに親の考えを教えたり指示をせず、できるだけ子どもに考えさせることをしている親子関係が少なくないということです。このような親の関わりは、子どもが、常に、自分で考えて生活していますから、日頃から自己の内面に関心を向けて自己分析や行動基準を考えて、親が一緒に子どもの思考を振り返り、子どもの考えを高めることになります。その結果として、親への反抗も軽くなるのでしょうね。逆に、子どもの反抗がひどい家庭のお母さんの関わりは、子どもに指示を与え子どもに行動の仕方を教えている、ほとんど逆のパターンが多いように感じられます。子どもは、親の指示通りに行動していますが、内面から納得していない場合が多くなり、それが小学校の高学年になると少しずつ不満が積み重なり、反抗につながるのだと思います。

7　目標のある生活が、子どもを育てる

現代社会は、成熟社会になっています。子どもも目標などもたなくても生活できます。でも、子どもは、主体的な自分らしい生活が、できているでしょうか。とりわけ、小学校に入学して高学年になると、教科の得手・不得手が目立ちます。ましてや、友だち関係も思うようにいかないことが多くなります。だからこそ、「目標」が必要になるのです。

小学校の課題は、とにかく『基礎』をしっかり身につけさせることが大切です。小学校は、知識の詰め込みではなく、ものごとの考え方や生活の土台づくりの時期だからです。とこ

ろが、小学校高学年になると、真面目に勉強しているのに成果がでない。勉強のわからないところが出てきても、学習方法がわからない。授業中のノートの取り方もわからない。結果として勉強のモチベーションが上がらないという現象が、とりわけ、クラスの中間層にいる子どもに多く見られるのです。小学生の多くが、知識の詰め込みに右往左往してしまって、教科の点数が思うように上がらず、土台づくりが上手くいかずに中学校に上がってしまっているのが現状です。子どもには、小学生のうちから子どもに応じた目標をもって、自分らしい学習をさせたいものです。そこで、小学校の時からどの子どもにも、その子らしい目標をもたせるための方法とその習慣化が必要になります。最近の子どもは、早くから習い事をしていますから、どの子どもでも、趣味や興味・関心事があるはずです。それを前向きに楽しく繰り返させて、結果として、生活するためのモチベーションを身につけることです。

子どもの生活意欲を高めたうえで、目標を実践するための条件づくりをすることです。

まず、自分の子どもにできそうな目標を計画し、子どもが達成感を味わうことです。親が、子どもにできるという見通しをつけて、子どもにやらせてみることです。ここで大切なことは、目標を実現する目的は、『子どもに自分でもやればできる、自分でもやってみよう』と感じさせることです。

子どもは、見通しが立つと、誰でも頑張ろうという自主性や主体性が育まれます。ですから、子どもに合った計画を立て、『小さな目標から大きな目標へ』が課題になるのです。ここで、丁寧な関わりをしないと、子どもは、すぐにあきらめてしまい、劣等感というストレスを抱え込んでしまうのです。大事なことは、目標は、柔軟性をもって設定することです。多くの場合、目標を決めても思うようにいきません。予定を立てて思うようにいくまでが、子どもの試練なのです。少しずつ自分でコントロールできるようになってくると、充足感を生み自信がついてくるのです。それまでの親の我慢と関わりこそ、親の役割になるのです。

思うようにいかなくても、子どもの頑張ったところをほめて、『大丈夫！ もう少し頑張ってみよう』、と子どものできる方法を共有し、繰り返しをすることです。子どもに、『大丈夫よ』と言い聴かせてやることが、子どもと寄り添うことになるのです。子どもに無理のない目標ならば、そのうち、きっと勉強のリズムが上手く展開して、子どもは自分で自己コントロールができるようになるのです。子どもの多くは、勉強したいと思っているのに、成果が見られないから葛藤しているのです。勉強したいが、やり方がわからない。何をするか決まっているけれどモチベーションが上がらない。そういう子どもが多くなっているのです。中間層にいる多くの子どもが、そうした指導を受けずに学校へ通っている傾向が、強くなっているのです。中間層の子どもが、いつも中間層にいる理由だとも言えます。小学生のうちに、子どもの学び方の支援をしてほしい。子どもに、大切なお母さんの熱意と愛情を与える重要な関わりをしてほしい、課題の一つです。

第四章　私立中学受験を考える時

私立中学受験が上手くいく指導ポイント

①「子どもの学習も『思うようにいかないこと』が当たり前」
②「指導の背景には、『仕掛け』（目的）が必要」
③「生活や学習の振り返りは、進歩するために必要なこと」
④「もの事は、やってみないとわからないことが多いから、迷ったら前へ進んで」
⑤「子どもは、お説教では変わらない。子どものできたところ、がんばったところを評価して」
⑥「子どもは、認められると元気になる（意欲が高まる）」
⑦「時間は、限られているから、終わりから考えて使おう」

⑧「人の逞しさは、苦しみ、悲しさ、痛み、寂しさの体験の中にある」
⑨「人は、できないことを指摘されるよりも、できること（長所）をほめられると意欲が高まる」
⑩「上手くいったことはもちろん、思うようにいかなかった体験でも明日につなげよう」

1　高学年になって、子どもが塾へ行きたいと言い出したら

小学校の高学年になると、塾通いする子どもが多くなります。お母さん、子どもが、塾へ行きたいと言い出したら、どのように子どもに対応しますか。塾ブームの時代ですから、子どもはお友だちが塾に通い出すと自分も塾へ行きたいとなります。でも、塾へ通えばみんな満足する、私立学校へ合格できるわけではありません。当然、親としては子どもが塾へ行く目的を、認識させる関わりが必要になります。『なぜ、塾へ行くのか？』『なぜ、私立学校を受験するのか？』、その理由を子どもと話し合うとよいと思います。子どもの学び

の理由には、友だちと一緒に行動したいとか、良い点数を取って成績を上げたいということもあるでしょう。また、他人より余計に勉強して、よい私立中学校に入学したいと考えて、塾へ通う子どももいるでしょう。また、親にとっても子どもの将来を考えて広く社会的な力を身につけさせておきたい。さらに、子どもの持ち味を活かして、将来、安定した生活ができるようにするためには、どのような塾に通わせたらよいかを考えている親もいると思います。

そこで、親としては、『なぜ、私学を受験させるのか?』『受験とは何か?』ということについて、子どもから塾へ行きたいといわれる前に、考えておく必要があります。私立学校は、創設者の『建学の精神』を根幹にして設立され、子どもを預かり教育しています。各私学が、それぞれに教育理念をもって、子どもを指導しているからこそ、私学には、公立の学校とは違った『独自性』が存在するのです。

子どもの性格や各家庭の育て方は、多様です。その多様な子どもを育てる指導力と環境をもっているのが、私学の存在そのものなのです。子どもは、その子に合った関わりと指導を受けた時に、子どもの満足感が高まり成長するのです。私学選びは、まず、自分の子どもの性格や特長をよく考えて、子どもの強みが元気に育つ学校を選択することです。これからの社会は、みんなと同じ能力では新しい社会のニーズに合わなくなってきていますから、子どもと学校を結びつける、適性を考えて選択することが重要視されます。

今までの学校選択の風潮は、多くの場合、塾のつくった学校の『偏差値』で選択する傾向がありました。確かに、偏差値は、学校選びの一つの目安なのですが、その学校で多感な思春期を六年間も過ごすことになるのです。もしも、子どもが塾へ行きたいと言い出したら、まずは、子どもと一緒に学校見学（学園祭など）をして、子どもの思春期をどのような環境で人と触れ合えるか、或いは、子どもが元気に生活できるか、子どもの学びの目的を擦り合わせて、それを目標にして子どもを塾通いさせることです。無目的な塾通いは、成果が出ません。

2　私立中学を受験する意味

私立学校は、それぞれの私学が建学の精神に基づき、独自の教育方針によって指導に当たっています。難関大学に合格できるように指導する学校から、スポーツや芸術の才能を磨いてくれる学校、生活指導をしながら人間教育を行う学校、或いは、技能を身につけ資格を取れるようにしてくれる学校など、まさに、私学の教育スタイルは、多様です。中学受験は、子どもが思春期を過ごす場を探すための機会です。現代の多様な社会状況においては、子どもも十人十色と言われたり一人十色ともいわれ、いろいろな性格や考え方を持っています。そのため、親は、子どもを観察していて、子どもに合った環境を選択することが必要なのです。

子どもは、日々成長して社会へ巣立っていきます。現代社会は、『学歴より人』の時代ともいわれています。高い学歴を持てば、多くの知識を持つと言われてきましたが、今まで、有名な学校を卒業しても、自己の能力を社会で十分発揮できない若者がたくさん排出されました。その原因は、多くの人と触れ合うことやそこでの気づく力、判断力、表現力という、知識の学びだけでは得られない、いわゆる『見えない学力』に視点が注目されなかったからです。要は、学歴の中身なのです。従って、どこの学校に入学するかではなく、その学校で何を体験し学んだかということ、そして、その培った学力を、社会にどのように活かすか、ということが大切だということになってきたのです。

受験は、よくマラソンにたとえられますが、小学生にとって勉強だけが生活ではありません。大切なことは、子どもの将来のために、小学生としてどのように『生きる力』を育みながら、自己の目標を達成するかなのです。『知識』は、時間をかければ自然に増えます。現代社会は、教室だけでなく、インターネットやスマホでも容易に得られます。しかし、『生きる力』は、その時に体験したことを通していろいろ気づき、考えて身につけられるものです。大人になってから、自主性や判断力、企画力といった見えない学力、すなわち、『生きる力』を身につける機会になるのが「受験」なのです。

子どもの生きる力を養うのは、幼児教育や小学校の指導を通しての課題です。親は、子どもが、中学受験をするからといって、勉強だけにならないようにしてください。子どもがやってみたいと思うことは楽しく体験させ、その結果を子どもの生きる力につなげることです。受験は、知識を大量に詰め込み、良い点数を取るためのスキルを学ぶことだけではないのです。受験を通して、子どもの自律心と自分のやりたいことができる、強い意思の人間に育てることです。受験を通して、強く逞しく生きる人間力が身につくよう関わることです。そして、受験が終わった時に、親子・家族で一緒に走ってほんとうによかった、と思えるマラソンにしてほしいと思います。

3　中学受験の合格をゴールにする「受験」は、失敗することが多い

中学受験で、もう一つ親が頭に置いておかなければならないことを、お話ししておきます。『私学受験は、ゴールではない！』ということです。模擬試験でどんなに良い点数を取っていても、入学試験の結果はわかりません。

中学受験は、合格するのが目的ではなく、子どもの将来のための居場所を探すために受験するのです。しかも、各私学には、収容できる定員がありますから、志望しても全員が合格するわけではありません。従って、第一志望校に合格した子どもは、その達成感・満足感をかみしめ、合格した私学の場で自分の目的が実現できるよう努力することです。また、努力が及ばずして、希望する結果の得られなかった子どもは、思うようにいかない厳しさを親子で振り返って、それをバネに今まで足りなかったものを、新しい生活の場で補う支援が必要になるのです。

中学受験は、ただ結果を出して終わるのではなく、この体験で子ども一人ひとりの人間力を向上させることが親の役割になるのです。繰り返しますが、中学受験をするうえで大切なことは、どこの学校に入ったかではなく、その学校で何をするかということなのです。

12歳の子どもは、中学に入ると通学の問題、新しい友人づくり、各教科の先生との対話、学校行事やクラブ活動への参加、或いは、勉強とクラブ活動との両立など、新しい環境で生きる力を発揮しなければならないのです。中学受験は、自分の生活で思うようにいかない課題が出てきた時に、それを乗り越えるエネルギーを蓄える機会なのです。このエネルギーの学びは、中学受験だけではありません。小学校の生活を踏まえて、中学受験までに少しでも『自分で気づき考えて、生活できる』よう、お母さんは、子どもにできることは『手をかけずに、見守る』支援をすることが必要になるのです。中学受験は、言われたことだけ習得すれば点数が取れる試験ではありません。これからは、とくに、今までの学校教育ではあまり問題にされなかった、自分で主体的に考えて説く『見えない学力』が必要になるのです。親は、子どもの『受験の意味』を、あらかじめ理解しておきたいことです。

4　中学受験で子どもを伸ばす、お母さんの役割

中学受験を決めて子どもが塾通いをすると、親のタイプは、大きく二つに分かれます。つまり、塾任せになるか、子どもが塾から帰ってくるとさらに学習の面倒を見るというタイプです。そこで、親が、子どもの中学受験をサポートしようとする場合には、『人育て』という受験の目的をよく理解して、支援してあげるとよいと思います。子どもが中学受験に対して、主体的・自主的に取り組めるようモチベーションを高めることです。受験で子どもの経験する心の葛藤は、中学受験に耐えられる精神力と持続する力につながります。つまり、子どもの『生きる力』を育てることにつながるのです。

子どもの学習力を上げるためには、前に述べたように、自分のことは自分でできるような生活力を育てることです。子どもが、いま、自分で何をしなければならないのか、自分で『気づき、考えて、学習できる』ような環境づくりをすることです。この気づきは、子どもが直面している問題を解決する一歩にもなるのです。

また、子どもが、自分で考えて学習するようになるということは、子ども自身の勇気を育てることにもなるのです。子どもが自分でできることは、積極的に体験させてください。自分で行動してみると、自分の意思で物事を決めたり、段取りや時間の管理などを工夫することにつながります。それが、結果として、子どもの主体性や自主性を育てているのです。そのためにも、子どもに受験生としての生活リズムをつくってあげることです。自分で決めて行動したことが上手くいくと、子どもの心の中に達成感や充足感が生まれ、小さな自信につながっていきます。そのことが、子どもを強くすることになり、子どもの生活面におけるモチベーションが育ってくるのです。

子どもの生活力が高まってくると、他人の話しを聴く態度にも変化がみられるようになります。ただ相手の言うことが聞こえている状態から、積極的に話の内容を聴くことができる、集中力のある子どもに変わっていきます。そうなると、聴いたことが一つひとつ子どもの血や肉となり、結果として学習力の向上につながるのです。生活力の問題は、勉強するための前提条件なのです。教科で点数を取る子どもの多くは、このような勉強するための前提条件を鍛錬してきた子どもなのです。子どもの学びに関心を向けることは、子どもが受験を乗り越えるうえで、とても大事な親の支援になります。

5　子どもの中学受験を助ける、お父さんの関わり

どこの家庭でも、日頃の子どもへの関わりは、お母さんが中心になりますが、中学受験には、お父さんの出番も必要なのです。これからの社会で若者に必要な能力や知恵は、お

父さんが一番よく理解しているはずです。お父さんは、それを思い起こして子どもに支援してあげてください。お父さんの職場で元気に活躍している若者は、学校を卒業するまでにどのようなキャリアを積んできているでしょうか。もちろん、知識をたくさん詰め込んで入社してきた若者もいるでしょう。でも、本当に自己の能力を発揮して、先輩と協力して会社のために貢献している社員は、どんな若者でしょうか。おそらく、元気に活躍している社員の共通している点は、思春期に勉強と共にクラブ活動や学校行事など、自分では思うようにいかない生活体験をして、逞しく鍛えられた体験を持っている若者ではありませんか。知識を詰め込んできた、頭でっかちの若者ではないと思います。

見通しのしにくい社会で自己表現をするためには、それに耐えられる体験と経験をしてきているはずです。人間の強さや逞しい性格は、何事も上手くできた人には、備わりません。仲間との出会いで、思うようにいかず失敗したり、仲間に助けてもらったり、という葛藤を乗り越えなければ、社会の厳しさに耐えきれません。そのような若者に、わが子の将来を重ねてみてください。若者が思春期に乗り越えてきた『葛藤』を、いま、わが子が体験しようとしているのです。強い子どもは、強くなる鍛錬をした者なのです。だから、『子どもは、育てられたように育つ』といわれるのです。

子どもの受験生活も、思うようにいかないことが多いと思います。そこで、基本的なことは、お母さんに任せて、上手くいかない時こそ『また頑張ればいいよ！』と、子どものできたことを認めて、子どもの日常頑張っている姿をしっかり受け止め、決して責めないという態度が必要です。子どもは、思うようにいかないことから、たくさんのことを学ぶことができるのです。お父さんから失敗を責められたら、子どもは次からチャレンジしなくなります。時に、お父さんの失敗体験を、話して聞かせるのもよいでしょう。お父さんは、毎日、仕事を成功させるために、様々な葛藤をしているでしょう。一番身近に居て尊敬するお父さんが、いろいろな葛藤を乗り越えていることを知ると、子どもは、一歩踏み出す勇気を持てるのではないでしょうか。これから不安で先の見えない受験に向かう子どもにとって、親の生き様を知ることは、とても、重要な子どもへの寄り添いになると思います。

6　お母さん、毎日「勉強しなさい！」って言う前に

子どもが、お母さんの言葉で一番ストレスを溜めているのは、『勉強しなさい！』です。それは、お母さん自身にもストレスを溜める要因にもなっていますね。家の子は、『勉強さえやってくれれば問題ないのだが……』という言葉をよく聞きます。もちろん、子どもに勉強しなさい、と言うことが悪いわけではありません。でも、一日に何回も『勉強しなさい』と言うことが問題なのです。そういう状態で、子どもは自主的に勉強するようになるでしょうか。勉強を始めても、子どもは、『しょうがないな』とお母さんの顔を見て、外圧で勉強をしている子どもが少なくないのです。こうした取り組みで成果が上がるでしょうか。勉強だけでなく、スポーツや習い事でも同じことです。子どもの力は、自主的にもの事に取り組んで、はじめて集中力や自己の弱点に気づき工夫して、力が身につくのです。子ども

の生活は、勉強することだけではありません。子どもの日常生活や体験には、いろいろなことに気づき、それを実現するためにはどうしたらよいかを考え、対応する機会がたくさんあるのです。実は、子どもは、その過程で主体性を育てているのです。

お母さんが、子どもに勉強しなさいという背景を、もう少しお話ししておきましょう。きっと、普段子どもが自宅にもち帰る試験の答案だと思います。点数が良ければ、この教科はできる。点数が悪いと、この教科は不得意、できないと決めつけてしまいませんか。でも、点数の中身には、できたところとできない部分があるはずです。すべてできないという子どもは少ないと思います。つまり、試験の点数は、子どもの能力よりも子どもの授業の聴き方とか、復習の仕方、勉強の時間の長さ、さらに集中力や勉強に向かう姿勢などが反映しているのです。お母さんは、子どもの点数を見て、一概に「できる・できない」とか、教科の「得手・不得手」を決めつけるのは、子どもにとってとても不幸なことなのです。

そこで、子どもの悪い点数をみたら、子どもの生活の振り返りをすることです。とくに、小テストや試験の場合、点数より何が足りないのか、どうすればできるようになるか、子どもの生活態度や生活習慣を子どもと一緒に考え、改善する関わりをする機会を持ってほしいと思います。スポーツや習い事などでも、子どもの評価が出た場合の親の役割で一番重要なことは、結果が良いか悪いかの判断をすることではなく、いずれの場合にも、さらに子どものモチベーションやスキルを上げるためには、どうしたら良いかを子どもと一緒に考え、改善を図る関わりをすることです。もっと勉強しなさいという関わりでは、子どもは、間違えてはいけない、悪い成績をとってはいけないと緊張感を生むだけで、前向きになって自由な考えや発想で、自分の学習方法を改善することはできません。

こんなケースがあります。銀賞を取った吹奏楽のクラブが、来年こそ金賞を取ると誓って、部長を中心に各パートが自分たちの足りないところを徹底的に練習し、譜面通りにミスのない演奏ができるように準備して大会に臨みました。本番では、見事な演奏ができたのですが、再び銀賞に終わりました。ところが、金賞をとったのは、前年度金賞をとった同じクラブでした。彼らの練習は、部員一人ひとりが自己の足りないと思うところを、それぞれ主体的に練習を重ねて各人の技術力をさらに高め、その部員たちを部長がまとめて演奏したのです。部員は、部長や顧問に言われた足りないことをマスターするだけでなく、それぞれがもっと素晴らしい演奏をするためにはと、主体的な練習を重ねて、聴く人を楽しませるパフォーマンスを演じたのです。

これから子どもの能力を伸ばすためには、いわゆる、１００点を取るための技術力アップも大切ですが、それ以上に本物に触れさせて、子どもの内面からモチベーションを高めることが重要になると思います。親も子どもに教える場合、子どもをいかにして伸ばすか、子どもらしいパフォーマンスが生まれるような関わりを、子どもと一緒に考える時代になっていると思います。

そこで、親が、子どもと一緒に考え勉強する方法をもう少し、まとめておきます。それは、子どものできないことや足りないことを問題にするのではなく、子どもができたところ、実践したことを評価して、子どものモチベーションを高めることです。とかく、親でも教員でも教える立場の人は、子どものできたところよりも、できないところに目が行って指摘し、直そうとしてしまいがちです。それでは、子どもの主体性は育ちません。子どもには、「やったことができた」、「やればできる」と信じさせることが大切なのです。人は、評価されると意欲が高まり、もっとやってみようと考えて、自主的に行動するようになるのです。その上で、足りないところがあれば、どうするかを考えさせるのです。とかく、できるのが当たり前と思って育てられている子どもには、できなければ、劣等意識が生まれてしまう危険性があることを、お母さんは頭に入れておくことも大切です。役者を育てるのは、演出家です。子どもは、もともと、社会で生きる資質を持っているのですから、お母さんは、子どもの力を発揮させる演出家になってください。子どもを伸ばすためには、「急がばまわれ」です。

第五章　キャリア教育としての子育てを

子どもの生活力と学習力を伸ばすポイント

①「家族・幼稚園・学校の一員であることの喜びが感じられる環境づくりを」
②「いろいろな人やもののの考え方があることに気づかせ、子どもを活かす雰囲気づくりを」
③「親が、社会や他人への関心をもち、社会の中の家族という考えを持っていること」
④「社会のマナーやケジメのある生活を、家族で共有していること」
⑤「日頃から周囲の人や社会、自然に関心を向けていると子どもの興味・関心事が増える」
⑥「子ども目線を大切にして、『どうする?』『どうしたいの?』、と子どもに考えさせると思考力が伸びる」
⑦「子どもの生活は、社会へ出るための訓練と考え、『結果よりも過程（経過）』を大切に

すること」
⑧「生活は、上手くいかないのが当たり前、という意識をもって『努力の習慣』をつける」
⑨「社会には正解のないこと、わからない問題がたくさんあることを理解させる生活が、子どもの思考を柔軟にする」
⑩「家族が、『人に支えられて生きていること』を共有していると、子どもは他者を大切にする」

1　明日に向けた子育てを考えて

私は、今までに思春期の子どもの育て方とか、親や教員による子どもへの関わりについて、『先生！ 子どもが元気に育っていますか？』と『お父さん お母さん 気づいていますか？ 子どものこころ』をグローバル教育出版から上梓させていただきました。私の経験や体験を踏まえて、子どもや教員、親が元気になるようにということで、内容を構成しました。今回の本も、幼児期から小学生までの親の関わりについて、私の体験した教育現場で気づいたこと、考えた内容をまとめたものです。とくに、本書は、小学生が中学に入学するまでに、家庭や幼稚園、小学校で学んできてほしいことを中心にまとめました。ここでは、本文の中で触れてきた内容と重ならないように子どもへの関わりのポイントをまとめておきたいと思います。

まず、親のための指導には、親が「安心できる指導」を考えることだと思います。幼稚園や小学校の先生方の難題は、親からのクレームがあげられます。私自身も、保護者からの面談を受けていますが、保護者の相談を受けていて共通した背景のあることに気づきました。それは、保護者の多くが自分の子どもへの関わり方がわからない方が多いことです。幼稚園や小学校の指導内容は伝えられていますが、『その指導が子どもにどのような意味があるのか』、という不安をもっている保護者は少なくありません。その不安が、不満として膨らみ、クレームにつながってしまうケースが案外多いのです。例えば、授業参観や学校行事の見学会を実施している幼稚園や小学校は多いと思いますが、その授業が子どもにとって、どのような目的で行われているかを、保護者は知りたいと思っています。とくに私学の場合には、保護者の理解が重要ですから、『指導の見える化』をもっと真剣に考えてよいのではないでしょうか。

豊かで成熟した社会ですから、子どもはきれいな服を着せてもらい、美味しい料理を食べ、長期の休みには家族旅行に出かける家族の多いことなども聞き及んでいます。しかし、ある幼稚園の園児の中には、『先生甘えさせて！』と先生の膝の上に抱かってくる子どももいるのです。幼稚園児だけではありません。小学校でもお母さんに声掛けをしても、お母さんは、用事をしていて自分の言うことを聴いてくれない。子どもの頑張りを認めてくれない、ほめてくれないお母さん。或いは、子どもがやってはいけないことを我慢しても評価してくれないというように、子どもの心が満たされない事例が目立つように思います。

登園や登校の難しい子どもや引きこもりの子どもが、どこの幼稚園や小学校でも増えてきているようです。私も学校へ出られない子どもを『登校拒否』と呼ぶ時代から不登校の子どもの観察と対応の勉強をしてきました。不登校の原因は一様ではありませんから断定はできませんが、ある時期に、こうした自分の存在を認められないという意味で、親の愛情の少ない子どもがいるようにも思います。人間関係が上手くいかずに、不登校になっている子どもも少なくありません。結果として、自信や自分の居場所のない子どもの問題に、発展しているのではないかと思います。例えば、長男としてお母さんの愛情を受けて育てられているところへ、妹たちが生まれ、お母さんは下の子どもに関わらざるを得なくなってしまいました。小学校二年生ごろからお兄ちゃんが不登校気味になってきたというケースなど、子どもの心の居場所の問題のように感じて対応してみました。不登校気味の原因はわかりませんが、お母さんの目や心がお兄ちゃんに向けられると、お兄ちゃんはぐずらずに学校に出るようになったのです。

幼児期や小学校低学年では、子どもに目を向け、子どもの発言や意見、行動を認めることです。そのうえで、もしも子どもに問題（いたずらをしたり、うそをついたり、友だちとけんかをしたりなど）が出てきた場合には、「どうして！」という質問や、「どうして、そういう行動をしたの？」という質問をすることです。そうすると子どもは、「自分の考えや行動がおかしい」と気づき、対応を改善したり工夫をするようになるのです。頭ごなしに親から指摘され否定されるのとは違って、自分で主体的に生活する習慣ができてくるのです。子どもの問題には、背景があるということです。子どもの問題行動の課題は、その足下に原因があるということです。子どものもっている能力を伸ばすためには、常に、子どもの生活に対してポジティブな関係をもつことが必要だと思います。

2　グローバル教育の意味を理解して

教育現場では、グローバル社会のための教育ということが課題になっています。学校の多くが、グローバル教育と称して、『英語力』に力を入れています。もちろん、他国の人間と交流するためには、語学力が必要ですが、実は語学を使って相手に何を話すか、伝えるかという問題が課題になっています。最近は、どこの私学も中学・高等学校の行事として海外研修の機会が多くなっています。そこで提案されていることは、語学を使ってどのように自分の意見を主張することができるか、相手に自分の意見を理解してもらえるような話ができるか、ということを勉強しておかなければならないということです。そこで家庭では、子どもがいつでも自然に話のできる雰囲気をつくって、安心して自分の考えを話すことができるように育てることです。前にも述べましたが、話の好きな子どものお母さんの関わりを見ると、お母さんが聴き上手になって子どもの話を聴いてあげていることです。

そのうえで、話し相手との違いを観察することです。相手を知らずに話しても、自分の考えを理解し受け止めてもらうことはできません。幼稚園や小学生の時代に、相手を知ってその友だちとどのように交流したらよいか、どのような人間関係をもったら仲良くなれるか、親子でちょっと考える機会をもつことです。お母さんの中には、自分の子どもには、良いお友だち《良い子》と仲良くしてという保護者がいますが、世の中、良い子ばかりではありません。多様化という社会は、いろいろな考えや育てられ方をしている子どもがいるということです。国際化が進めば、異なった歴史や文化の中で育った子どもと、生活を共にしなければならないのです。子どもには、早い時期からいろいろな人との交流の仕方を、学ばせたいものです。ネイティブの先生から教えられることがあります。日本人のコミュニケーションは、受信力はあるが発信力が他国の子どもと比べて弱いということです。私学の中には、中学に入学すると一年間は、毎日席替えをする生活、或いは三日に一回席替えをして、初めて出会ったいろいろな生徒との接し方を、学ばせている学校が出てきました。子ども同士の生活でも、好き嫌いで人間関係を決めつけずに、どの生徒とも付き合いの仕方（挨拶だけの人、一緒に勉強し合う仲間、昼食を共にする友人関係など）を学ばせるのが目的のようです。子どもには、多様な人と交流できるように育てることが、実は、コミュニケーションの基本的な学びであり、グローバル教育の目的なのです。子どもの学びのためには、親が変わることです。

3　子どもの指導は、子どもに聴きなさい

子どもは、一人ひとり性格や持ち味、特性が異なります。きょうだいでも一人ひとり違うことをお話しました。そこで、この子どもたちにそれぞれ指導するには、どのようにしたらよいか悩んでいるお母さんや先生も少なくありません。私も、若いころ同じような悩みをもって、先輩の先生に伺いました。先輩の口から出た言葉は、いつも『子どもの指導は、子どもに聴きなさい』でした。子どもの育ち（生活）は、一人ひとり異なります。子どもは、育てられたように育っているのです。子どもの考えや成長がそれぞれ違いますから、一人ひとりの子どもをよく観察して、その子どもの特長を受け止め、足りないところを支援することが、その子どものための指導になるということなのです。それが教員の役割であり、親の務めになるのです。

最初に述べた生徒指導の先生からいただいた言葉を思い出してください。子どもを育てるということは、『手や目や心』をかけていた子どもに、その子どもの発達に応じて手を離し、目を離しながら子どもの考えと生活を尊重することなのです。子どもから手や目や心を離す時期は、一人ひとり異なります。これからの不安で多様な生活環境の強いられる時代、子育てに正解はありません。子どもが自分でできるようになったと思っても、目や心を離しにくい子どもの生活環境です。子どもの観察がとても重要な社会だと思います。子どもを思う親の心は、子どもがいくつになっても消えません。ただ、親はいつまでも子どもについているわけにいきませんから、子どもが、どのような社会でも生きていかれる人育てこそ、親の心ではないでしょうか。親の面倒見の目的は、『甘やかし』ていつまでも子どもについていることではなく、子どもが自律し、自己を活かし他者と協働して生活できるよう、その土台づくりをすることだと思います。親は、子どものしつけや指導をしながら、少しずつ子ども扱いをやめましょう。

4　子どもや親の「頑張り方」を変えて

文部科学省も社会の変化に対応して、「教育改革」に取り組んでいます。教育現場も転換期を迎えているのです。今までのような知識を教える指導から、子どもの「思考力・判断力・表現力」を育て、一人ひとりの子どもがどのように社会と関わり、自分の人生を切り開いていくか。子どもが、自分の個性を理解して他者と協働し、自己のモチベーションを高めて、満足する人生を送るかということです。とりわけ、子どもが、周囲にいる人や社会生活で問題になっていることに気づいて、どのように解決したらよいかを考え企画し、実践することが必要とされているのです。もちろん一人で問題解決するだけでなく、多くの人と問題や考えを共有して解決する力を育てようということです。

従って当然、教育の課題になってくるのが、問題を解決するための情報を選択したり決断する力、他者との問題解決のための協働する力です。一人ひとりのもっている知識や技術力とともに、一人ひとりの子どものもつ個性も課題になります。すでに述べた生活に臨む子どもの主体性や自律心、もの事を客観的にとらえる力なども、育てられなければならないのです。さらに、人との関わりに必要なリーダーシップやチームワーク、気遣いや思いやりなど、子どもの人間性が問題になるのです。

現代社会の動向は、考え方や価値観が多様になり、生活や行動も異なっていることが、当たり前としてとらえなければならなくなっています。そうした多様な社会で、子どもが生活しなければならない状況にあるのですから、これからの子育ては、将来の子どもの社会に向けて子どもの強みを育てることと、対人関係が円滑にいくような人間関係の指導をしておくことが必要です。個性を伸ばして自己の強みを育てられた子どもが、多様な問題を解決するための一石になる可能性があるからです。それと、小さい時から子どもの評価基準とされてきた「優劣の評価」から、他人との違いに価値を見出す「差異の評価」へ、評価基準を転換することも大事な要素です。それは、いろいろな人の力を借りなければならない協働社会を迎えますから、他人の考えや生活、幸せを認める生活観も大切です。ラグビーの試合で11人がそれぞれのポジションの役割を果たして、「ワンチーム」になるということと同じです。一人ひとりのメンバーを尊重しなければ、チームはバラバラになってしまいますから。親が、多様化社会の意味をよく理解し、子どもを育てておかなければならないということです。

最後に、多様化社会で必要になる子どもの「主体性」について、お話ししておきます。最近の子どもは、親がかりが多くなり、自律心が脆弱になっているということは、いろいろな機会に指摘されていることです。しかし、いつの時代でも、主体的な学びは必要になります。文部科学省でも、総合的な学習の導入やアクティブラーニングの学習方法を取り入れて、自律した学びを指導しようとしています。そこで、子どもの主体性を育てるためにはどのような関わりをしたらよいかです。子どもの主体性、すなわち、子どもの自律した学びとは、実は、子どもが「自分で決定する機会」を多くすることで育つのです。子どもの生活の中で、自分でもの事を決める機会の多い子どもは、次第に自信がつき、それが「自己肯定感」につながり、発信力の強い子どもに育っていくのです。もちろん、子どもの意見は、すばらしい主張もあるし、おかしい決断の場合もありますから、子どもの意見や決断には、ポジティブな対応をしておくことが必要になります。そうすると、自分の考えがおかしくても考え直して、前向きな生活に取り組むようになるのです。よく五歳ごろから子どもの質問が少なくなってくると言われますが、現実問題として子どもの質問や行動を、親が押さえつけてしまう傾向があるからではないかと危惧するところです。子どもの五歳ごろというのは、周囲のことにいろいろ気づいたり考えたりして、「どうして?」「なぜ?」が始まり、自己の興味や関心事を広める時期だからです。子どもの主体性や生活意欲を育てるためにも、時に、親から「なぜ?」を発問してもよいのではないでしょうか。親子の対話とともに、子どもの意識改善につながると思います。子どもとの対話に、「ダメ!」「違うよ」が多くなると対話が育たなくなってしまいます。

まとめにかえて
「新型コロナウイルス問題」が教えたこと

1　突然の学校休業（休校）という戸惑い

この原稿が書きあがるころから、新型コロナウイルスの問題が社会問題になり、学校も幼稚園から大学まで休校を余儀なくされていました。園児や児童生徒は、園や学校からお便りや宿題は届くものの、突然の自宅待機となり、まったく生活リズムが崩れてしまったようです。新聞やテレビなど、マスコミから流れてくる子どもの様子は、

①学校に行くことが当たり前だと思っていたけど、行かれなくなると寂しい

②学校に行かないと、居るところがないよ
③家庭では、お母さんの掃除・洗濯・家事が多くなって、お母さんから怒られてばかりいる雰囲気
④家に居るとストレスがたまって、苦しい
⑤学校に行きたい。友だちやクラブの先輩（後輩）と会って話がしたい
⑥勉強は、宿題だけやっていればいいの？
⑦オンライン授業って楽しいけど――、でも緊張感がわかない
⑧クラブ活動をしたい
⑨受験勉強は、大丈夫なのかな？
⑩何時から学校へ行けるの？

という子どもの本音の声が毎日のように話題になり、親もあせり気味というより朝から晩まで子どもと一緒の生活に、限界を感じさせられる状況がみられました。

一方、幼稚園や小学校でも先生方は、子どもがいない園や学校でアフターコロナに向けた「新しい生活」のための学校のあり方や課題について検討を始めていました。例えば、

①不確実で先の見通しのできない社会での学校の役割は、今までと同じでよいのか？
②宿題・課題の連絡と、速やかなオンライン学習の導入と展開
③オンライン学習と子どもの人間力を育てるための指導について
④先生・友だちとのコミュニケーションは、どうしたらいいのか
⑤子どもにとって、友だちとの出会い・学び合い・人間関係づくり
⑥子どもや親のための家族のコミュニケーション（関係づくり）
⑦子どもの主体性（自分で何をしたらよいか気づき考えて、生活すること）と子どもの生活リズムや学びの自律
⑧学校（教員）は、コロナ禍で子どものために何ができるか
⑨家庭と学校の新たな連携（役割の共有）

⑩『密』を避けるための子どもの関係性の工夫

幼稚園や小学校は、コロナ禍でも学習内容だけでなく、子どもを安全に預かるための保健衛生や子どもの心の問題、子どもの関係性などについて検討していました。新型コロナウイルス問題が発生した後、コロナ前の自校の指導はコロナ禍でどの程度対応できたか。学校は、コロナ対応に追われたことを踏まえて、今後の学校の危機管理について学んでいたはずです。

2 「新型コロナウイルス問題」から学ぶこと

この問題は、実は、子どもを預かる学校の問題だけでなく、同時に、家庭での子どもの生活指導にも関わることなのです。つまり、今回の非常事態時の対応だけでなく、子どもの危機管理意識を育てる関わりは、とくに低年齢の子どもたちには、家庭と学校が日常的に連携して指導しておかなければ、子どもの危機管理の学びにはなりません。低年齢の子どもには、事の次第を丁寧に説明して、繰り返し繰り返し指導する必要があるのです。危機管理の問題は、うがい、手洗いのような保健衛生の問題から、交通安全のような命に関わる問題など、年齢に関係なく繰り返し習慣づけることが必要になるからです。

また、家庭での子どもの居場所、子どもの生活リズムも、今回のコロナ禍で問題になっていませんか。多くの家庭では、その負担がお母さんにかぶさっていたように思います。お母さんのイライラは、子どもやテレワーク、リモートワークで家に居るお父さんにも感じられたことではないでしょうか。突然現れた居場所のない『家庭の存在』です。今回、家族の関係について、いろいろ考えられたご家庭が多かったようにも思います。ステイホームという自粛から解放されて、やれやれと思った人は多いと思います。今後の非常事態の対応のためにも、家族の見直しも必要です。言われたことだけやっている、子どもの生活の見直しも必要になります。子どもは、いま何をする必要があるのか、何をしなければならないのか、日頃からとくに、子どもの主体性を育てておくことは、学校生活をするうえでも重要になります。宿題やネット、オンラインでの教材が学校から来ても、自主的に取りかかれる生活習慣を育てておかなければ、効果は薄いと思います。オンライン学習という学習のハード面を用意するだけでは足りないのです。これから学習用の道具を活用する準備、子どもの学び方が課題になってくると思います。

子どもの友だち関係にも、同じことが言えます。「学校に出られてよかったことは何か」と子どもに質問すると、多くの子どもは友だちに会えたことを挙げています。子ども同士の人間関係を、親子で考える機会です。子どもの中には、交換日記やメールで今日の出来事について、情報交換していたという話も聞いています。日常生活で、学習面でも学び合いのできる関係づくりができていると、いざというときには助かりますね。

誰もが安定した生活を求めますが、これからの社会は、不安定で先の見通しのきかないことが多くなります。コロナ問題は、まだ当分の間、収まりそうにもありません。これを機会に、日頃から、自分で何をしたらよいか気づき考えて生活すること、家族がそれぞれに自律した生活リズムや関わり方を考えること、つまり、子どもから大人まで、個人が危機管理を意識することが、コロナから学ぶことの一つになるのです。

【資料】

【パネルディスカッション】

幼児教育者が考える『子どもの面倒見』について

コーディネーター　淡路　雅夫
パネラー　鈴木　恵（湘南学園幼稚園教諭）
大溝　みさき（湘南学園幼稚園教諭）

〔基調報告〕淡路

「今日は、『保育者が考える面倒見』というテーマで、パネルディスカッションを行います。それに先立って、なぜこのテーマで話し合いをするのか。私からその背景を、少しお話しさせていただきたいと思います。

現代社会は、これからどのように生活したらよいか、みんな不安をもっている時代だと思います。家庭の親や学校の先生も、これからどのように子育て・指導したらよいか、とても戸惑っています。それは、社会変化が激しく、お父さん、お母さんだけでなく、これはみんな同じなんですね。そこで今回は、『子どもの面倒見』というテーマにしたわけです。

お父さん、お母さん方のライフワークというか、従来の価値観や生活モデルが崩れ出しています。社会生活が、不安定な状況になってきているということです。今までは、幼稚園生活を過ごし、それから良い教育を小中高大学と学校生活で過ごされ、一流の企業に就職し、定年後までの30年から40年を過ごして安定した生活を送るということが理想でした。ところが、これからの生活の流れは、どうかというと、今までのそうしたモデルが崩れ出しました。豊かな社会とはいえ、自己責任で生活しなければならない多様化社会、個人の能力によって差を生む格差社会が始まっているのです。現在の若者にしても、大学は出たけれど正社員になれずに非正規雇用や派遣での働きを余儀なくされています。従来のように、年功によって賃金は上がらず、終身雇用制度もいつ無くなるかわからなくなっています。女性も、年々、派遣社員やパートが多くなり、結婚しても専業主婦から共働きをせざるを得ない状態になっているのです。

こうした社会状況の中で、子育て感も変化し始めています。お母さんにとってわが子は、可愛い。そこで、「ほかの人よりも少しでもいい子育てをしよう」と、親ならだれでも思います。それが、過保護になってしまったり、場合によっては、子どもの考えを尊重し過ぎて子どもを甘やかし、結果として放任になりがちです。どちらにしても、子どもは育てられた様に育っているのです。

我が子のこれからの人生を考えたときに、今まで育ってきた親の生き方、育てられ方で子どもは社会生活を送っていくことができるでしょうか。親として子どもの将来の安定志向に向けて、人生の土台になる幼稚園児や小学生への関わり方、つまり、この時期の子どもの『面倒見』の問題になるわけです。それでは、始めましょう。よろしくお願いします。

淡路　みさき先生は、湘南学園の幼稚園の卒園生でもありますね。そして、恵先生は湘南学園にお勤めになる前に、他の幼稚園でもお勤めの経験がありますね。複数の異なった指導方針の幼稚園を体験していますから、今日はお母さん方には、興味のあるお話を聴くことができると楽しみにしています。

まず、みさき先生、日ごろ園児を預かっていて、何かお気づきになっていることがあると思います。或いは、気になっていることもあるかと思います。そのあたりから、まずお話を伺っていきます。

みさき先生　よろしくお願いします。保護者の方は日ごろ幼稚園での子どもたちの姿を目にする機会は少ないと思います。子どもたちがどのような時に幼稚園で戸惑うのか、お話しできたらと思います。

幼稚園では、年少さんから年長さんまで、できる限り自分たちの力で生活する場になっているんですけど、年長さんや年中さんは食事や着替えなど、自分たちの力で行なっています。「自分の力で行なっている」子どもたちは、自分で着替える自信がついているので、自分のチャックを上げる前に、ほかの友だちのチャックができていないことに気づくと、「まだ開いてるよ、あげてあげるね」と言うように、周りの子どもに力を貸す様子が見られます。

そういう子どもは着替えだけでなく、遊びの中でも自信をもって生活をしている姿が見受けられます。

今、着替えの例をあげましたが、子どもたちの様子を見ていると、中には自分で着替えることに、なかなか気持ちが向かわず難しい子もたくさんいて、幼稚園で生活する中で、自分でやるというより、先生や大人を頼ってくる子どももいます。やっぱり、自分でできないことがあると不安にもつながりますし、年齢が上がっていくにつれて、自分ができないと感じ、大人と一緒で恥ずかしいなと感じている子どもたちの姿も見られます。恥ずかしいからお部屋のすみっこで着替えたり、上手くできなくて自信がないから、みんなが着替え終わったあとに「一人だけで着替える」といった姿もあります。家庭でもう少し自分で着替えるという機会が増えれば、幼稚園に来て自分で行なう力、自信がもっと増えていくのではないかと感じています。

淡路　ありがとうございます。今、子どもの着替えについてお話がありました。みさき先生のお話の中で、着替えが自分でできる子どもの姿と、手伝ってもらっている子どもの姿の変化がありましたね。自分でできる子どもというのは、幼稚園で生活するうえで、どこにいっても自信をもって生活しているということです。

ところが、家で手伝ってもらっている子どもは、自分で着られるかなぁと不安を感じているわけですね。だから、「ズボンをはきましょう」って広げてもらって、ズボンに足を入れてはく。これは自分ではいたことには、なっていないんですね。「シャツを着ましょう」と言われて、手を上げて、シャツを広げてもらって着る。それができても、子どもにとっては、「自分で着られた」ということにはならないということです。これを自分でやることで、裏表になったり、ひっくり返しになったりして、これは裏だな、前後ろ違うなっていうのに気づいていく。それが、子どもが自分で着られたということになるわけですね。

自分でやれたときのこの気持ちというのは、これからの生活のためにとても重要なことなのです。「これ、上手くいかないな」「まわりの子は早くできているよ」という感じで生活していると、すべての子ではないですが、引っ込みがちになったり、表に出るのが嫌になりがちになる。家庭や幼稚園では、たとえ時間がかかってもできるだけ子どもにやらせてみる、ということが大切だということです。自分でできることを体験させることが、そういうリスクを小さくしてやる。それが、親の愛情ではないかと思うのです。

さて、恵先生お願いします。先生は、前に勤められていた幼稚園と湘南学園の幼稚園とを経験されてきました。「自分のことは自分で」という指導方針について、どのように感じていますか。

恵先生　以前勤務した幼稚園の指導方針は、湘南学園の幼稚園とまったく違いました。私自身の考え方も、子どもたちに寄り添わなくてはと思っていたので、子どもが困らないように、全部やってあげていたりとか、子どもが気づく前にやってあげていました。大人は経験からいろんなことがわかってしまうので、子どもが困る前に先にやってあげたり、止めてしまったりしていました。子どもが失敗しないように先回りしていることが多かったですね。それが子どもにとっていいことだと思っていたんですが、湘南学園の幼稚園に来たら、まったく違うんです。

前の幼稚園でも泥遊びをさせましたが、着替えをする時に3～4人の子どもたちを一気に着替えさせるんです。「はいバンザイして」と、全部私が着させてあげて、子どもの力でやらせるというより、全部私がやってあげていました。鼻水が出ていると、「鼻が出てるからかんでごらん」と声を掛けるのではなくて、全部私が「先生がふいてあげるね」と、やってあげてしまったり。あとお弁当も、「先生残したい」と言ってきたとき、まだ食べられそうだなって思って「先生が食べさせてあげる」と言って、食べさせたりしていたんですね。遊びでも、鬼ごっこをするときに、ここに乗ればタッチされないというルールを決めてベンチを用意するのですが、前の幼稚園ですと、子どもがベンチを運ぶとケガをして危ないので、「先生が運ぶね」って、私が全部用意していたんです。

子どもたちは、教員が用意したもので遊ぶという幼稚園だったので、湘南学園幼稚園に初めて来たときは、とても戸惑いました。こちらの幼稚園でも泥遊びをすることが多いのですが、着替えが必要だなと思って手を貸そうとすると、他の先生から「恵先生、手伝わなくていいですよ！」と言われたんです。「それでは私は、何すればいいの？」と、思ったことがありました。その先生に「やり方と方法を教えて、全部やってあげないで！」って言われたんです。でも、大人がやってあげたほうが早いって思うじゃないですか。また、「今からみんなで粘土をしましょう」という時に、ある子どもの着替えが終わらなくって、「その子だけ粘土ができなかったらかわいそう」って思ってしまったので、みんなに間に合うように大人がやってあげようと思ってしまうのです。だから、私にとっては、手伝わずに見守ることだとか、声をかけないでいることが難しく、最初は混乱しました。

淡路　ありがとうございます。お話を聴いてお母さん方には、前の幼稚園は温かい幼稚園、湘南学園の幼稚園は冷たーい幼稚園だと。そう感じませんか。

そう感じるお母さんが多いんですよ。それが普通なんですよ。親だったら、子どもが戸惑わないように何とか上手くいくようにと、みんな思います。子どもに「失敗してきなさい！」っていう親はいないです。みんな声をかけ、手を出してしまう。

そこで恵先生。2つの幼稚園で子どもの元気さの違いってありましたか？

恵先生　湘南学園幼稚園の園児は、先生に頼らなくても自分たちでできるので、どんどん子どもたちで遊び始めますが、前の幼稚園は子どもたちが待っている関係でした。私が指示を出したり言葉をかけるのを、待っている状況がすごく多かったなって感じますね。

淡路先生　素晴らしいですね。子どもは元気なのが当たり前なんです。その元気さが小学校、中学校と上がっていくにしたがって、子どもの生活するエネルギーになっていくのです。多くのことをお膳立てされて育った子どもは、自分が経験しないことは不安になってできないんです。現在、挑戦する子どもが少なくなってきたとよく言われますけども、それは子どもが悪いのではなくて、子どもに「何でもやってごらん！」という生活体験が少ないからです。子どもは「上手くいかなかったらどうしよう」と考えてしまって、勇気を出してやれないんです。

そして、万一間違えたら、まわりの子は上手くいってるのに、「自分だけはみ出して、自分流にやってしまったら、何なのあなたは！」という目を感じるのです。だから、まわりを見て、「間違えないようにするにはどうすればいいか」という意識が少しずつ強くなっていくんです。

ですから、お母さん方が今子どもに口や手をかけ過ぎていると、我が子に良かれと思ってやっていることが、子どもが外に出た時、「あぁ、うちで体験しておけばよかった」、「うちで失敗してもやっておけばよかった」と、感じる子どもも少なくないんです。私たちは、小学校や中学校で、こうして育てられている子どもを預かりますけれども、もう少し自分で体験させておけばよかったのにと感じる子どもは、実は、増えているのです。

子どもの方は、親が一生懸命やってくれるわけですから、「ありがとう！」という雰囲気でもって、親のやってくれることを受け止めています。その方が自分もラクだからです。

でも、子どもの多くは、「自分でやらせて！」ということを意思表示することがあるんです。湘南学園の卒園生であるみさき先生は、湘南学園の指導で育ってるんですよね。みさき先生、湘南学園の卒園生として、幼稚園の指導からどのような影響を受けていますか。紹介してください。

みさき先生　私が幼稚園生だったころ、年中・年長さんと2年間ここの幼稚園で過ごしました。本当に今と変わらない子どもたちの姿があって、私が幼稚園児のころから、子ども主体の運動会「らんらんにこにこらんど」や年長さんのお泊り保育など、子どもたちが自分たちで考えて決めていく幼稚園でした。

やっぱり自分で生活することや考える力を、すごくつけさせてもらった2年間だったなと感じています。私は、このパネルディスカッションがあるということで、先日、幼稚園のころの写真を見返してみたのです。写真を見ると裏表逆のまま洋服を着ている写真があったり、髪の毛がぼさぼさのままの自分の写真があったんです。でもその表情は、すごくイキイキとしていて本当に楽しんで、自分の力で幼稚園生活を送っていたんだなと感じました。

私自身の体験ですが、やっぱりここの幼稚園では、さきほど恵先生が前に勤められていた幼稚園とは違って、他の園では、「みんな一緒のことをするよ！」「今それをする時間じゃないよ！」と言うことがあると思うのです。でも、湘南学園の幼稚園は本当に一人ひとりのことを認めて育ててくれる幼稚園で、こっちではどろんこ遊びをしている子どもがいたり、あちらではお話をしている子がいたり…。でもそういった生活でも一人ひとりを認めてくれていると感じています。

私は幼稚園生のころ、すごく引っ込み思案な子どもで、「できれば人と話したくない」、お母さんのうしろに隠れて、ずっと袖をつかんでいるような子どもだったんです。遊びでもみんなが工作をしていたり、うんていに挑戦したり、のぼり棒に挑戦したり、たくさんのことに挑戦しているのに、私はひたすら泥団子を作っていたんですね。毎日毎日一人で、園庭のはじっこの方で泥団子を作っていました。それも一日だけでなくて、毎日作り終わったら、靴箱に入れて、次の日もその続きをやって、ツルツルになるまで磨くという生活をしていました。

でも私には、それがすごく楽しかったわけです。でも母にとっては、他の子どもが工作したものやお父さんやお母さんの絵を持って帰ってきているのに、「今日はあなた何してきたの?」って聞いたら、「泥団子」を作ってきた。次の日も「泥団子」と答える私の姿を見て、やっぱり不安になり「うちの子ども大丈夫かな」と思ったと話していました。

ただそんな中でも、湘南学園の先生たちは「みさきちゃんはそれでいいんだよ。それがみさきちゃんの持ち味、長所でもあって、自分を出せてるってことなんですよ」と、母に話してくれたそうです。泥団子を作るというただの遊びなんですけど、そこで私も自分を認められたと感じ、自分が過ごしやすく成長させてもらったと思っています。

私はその泥団子ですごく自信がついたのを覚えています。この園で生活することで、母のうしろに隠れていた引っ込み思案の私が、年長の運動会の時に自分で立候補して、運動会の開会の言葉を言ったという思い出もあります。

それはやはり、周りの先生が受け止めてくれて、自分の好きなことができる環境の中で、自分で生活する力や自分に自信がついたなと思っています。先生になって、こうやってみなさんにお話しさせていただいていると、教員になった理由が、湘南学園の幼稚園で育ったことが影響しているなと思っています。

淡路　ありがとうございます。泥団子の専門家だったんですね。お話を聴いていて、一つのことに集中するというのはすごいことなんだなって感じます。教員をしていますと、「あれも、これもやった方がいいよ」って思ってしまいますよね。でも子どもにとっては、一つのことに集中して、それを認めてくれる環境、時間があると、それが自信につながります。子どもの学びというのは大人が考えているような学びではなく、人間としての学びにつながっているということなんですね。

ということは、ご家庭でも一つのことに集中していたら、「ほかのこともやりなさいよ！」じゃなくて、何かに集中していたらそっとしておく。そして、「よく頑張ったね」「何をやったの？」「どうしてそういうことをやったの？」という問いかけをしてやることが、子どものやっていることを親が見ていた、観察していた、お母さんが見ていたことが認識できた。そして、「よく頑張ったね」と言われたら、もっとモチベーションが上がる。みさき先生は、泥団子でしたね。団子屋さんになるのかなと思っていたら、先生になった。でも、先生以外になにかやりたいことがあるか聞いたら、ウェディングプランナーと言ってましたよね。

みさき先生　そうなんです。私もやっぱり、進路を決めるときはいろいろ悩みまして、ウェディングプランナーという職業は人を幸せにする仕事ですし、すごく素敵な仕事なんじゃないかなって思っていました。でもやっぱり、「自分は誰かと関わりながら仕事をしていくことが、向いているんじゃないかな」と考えていて、教員になるかウェディングプランナーになるか、悩んだ時期もありました。でも、自分の幼少期を振りかえると、やっぱり幼稚園の先生なのかなと思って、先生になりました。

淡路　ありがとうございます。さて恵先生、先生はいろいろな子どもたちと接していて、いわゆる、子どもの遊び、体験がいろいろな影響を与えていると思うのですが、先生がお感じになっている遊び、日常の体験というものが子どもへどう影響していると考えていますか?

恵先生　普段子どもたちは、水筒を持ってきているんですけど、お茶を入れるときにこぼしちゃうので、以前だったら私は、こぼさないように、「こうやった方がいいよ」と声をかけたりして、もしもこぼしてしまっても、私が拭いてしまったりということがあったと思います。

でも、現在は子どもたちがこぼしたとしても、「どうしたらいいか」っていうお話をしたりして、次にこぼしてしまったときに、「ここに置くとこぼれちゃうんだ」と気づかせることを意識して、失敗から学ばせることにしています。子どもたちは上手くいかなかったことでも、こぼした時にどうしたらいいのかが、ちゃんとわかっているんです。そういう関わりをすると、ちゃんと自分で後片付けができるんです。

年中さんの時にこぼした子がいて、私もついつい、拭いてあげてしまったのですが、「先生、大丈夫よ！」と、子どもたちに言われたことがあったんです。そこで、年齢によっていつまでもお世話をしていてはいけないんだなって思いました。発達段階によって声のかけ方も変えていかないといけないと、子どもたちの姿から学んだことがあります。

淡路　大人は失敗してもいいって思っていますけど、子どもは「失敗してまずかった」と、気づくことができるんですね。これは、「まずいんだよ」と、言わなくても気づいてるんですね。

恵先生　「やってしまった！」という思いはあるんですよね。

淡路　子どもというのは、何かが思うようにいかなかったときに、「まずいな」と、みんな感じるんですね。まわりで「それはまずいよ」って言わなくても感じています。例えばこぼしちゃったとして、「あぁよかった」と思う子どもはいない。茶碗を落として割れちゃった、それでよかったと思う子どもはいない。「まずいよ、どうしよう！」と思うんですね。そういう思いっていうのは、どのお子さんもあるんです。

「みんなは、こぼさないで飲んでる、自分だけこぼしちゃった」時には、大人の顔をじっと見て、何か言われるんじゃないかという顔をしているケースがいろんなところで見受けられます。私にも孫がいるんですけど、こぼしますと、「親から何か言われるんじゃないか、じいじ、ばぁばから何か言われるんじゃないか」という顔をします。でも、「こぼしちゃった、まずいよ」とは言わないんです。そうすると、どうするかというと、台布きんをもってきて、拭いてます。そして、次の機会にはこぼさないように気をつけるんですね。ただし、2、3回失敗を経験した後ですが。子どもは、良い悪いということをどこかで学習しているということです。

それを、「まずいよ」と言ってしまうと子どもの心に、「もうやらない、もうコップは使わない」という引っ込み思案になる可能性も出てくる。「壊してもいいから、こぼしてもいいからやってごらんよ」って言われると、こぼさないという意識が働いて、「もうこぼさないもん」という意識で次にチャレンジするようになるんです。

そのためにも、子どもの顔をよく観察している必要がありますね。先生方というのは観察の結果、子どもたちとの関わりを考えているのです。「失敗しても大丈夫だよ」「壊れても大丈夫だよ」「転んで擦り傷しても大丈夫よ。ちゃんと手当てしてあげるから」という安心感が、伝わっていることが大切なのです。それがわかっている子どもは、元気な子ども、前向きな子どもに育っていくのです。

怒られたり、まずいよと言われたりすると、子どもは消極的になって引いてしまったり、引っ込み思案になってしまうことがある。

そういう子どものケースってみさき先生も経験ありますか。

みさき先生　はい、私は子どもたちの姿を見ていて、失敗して学ぶっていう点ですごいなって感じたことがあります。

年少さんは、お弁当のときに小さなコップぐらいの花瓶に花をいけて、お弁当を食べているのですが、その準備を子どもたちとしている時に、子どもがお水をいれようとしていました。大人はちょうどいい量がわかってるので「入れすぎだよ、ここまで入れてね」って声をかけそうになるのですが、そこをグッと我慢して、どうするかなって見ていたら、お水が少ししか入っていませんでした。

子どもたちは「お花が水を吸って元気に育つんだ」という思いがあって、自信満々で水を入れていました。でも次の日に見たら、お花の茎のところが水についていなくて、枯れていたんです。そこでまた、どうするか様子を見ていたら子どもたちは「お花が枯れてたって」と、やっぱり気づくんですね。そこで、「どうしてお花が枯れちゃったんだろう」ってなげかけたら、子どもたちはじっと観察して、「お水についてなかったからだ。お水が少なかったからだ」ということに気づいたんです。「じゃあ、お水をたくさん入れてみよう」と、お花には可哀そうなんですが、また新しいお花をとりに行きました。次はどうするかなと見ていたら、今度はお水が花瓶からあふれちゃったんです。「水入れ過ぎだよ」と思ったんですけど、そこでも子どもたちの様子を見ていると、やっぱり子どもたちも「少なすぎ」「入れすぎた」と言いながら、「今度は減らしてみよう」と少しだけお水を出して、大人でいう「ちょうどいい量」を発見していました。ほんとに、こちらが声をかけなくても、子どもたちは体験の中で気づく力がつくんだなって感じました。

淡路　ありがとうございます。子どもって、素晴らしいですね。最近は、一人っ子の家庭が多いですから、そういう体験って家庭ではできないですよね。先生としては、「あんまり入れるとこぼれてしまうわよ」と、先に口が出てしまいがちですよね。「いいから、ママがやるから」って、ママがやってしまいがちですね。そうなったら、子どもはどこで学びをするのでしょうか。小学校に上がってからでしょうか。やっぱり、幼稚園には、幼稚園での体験がありますよね。そして、幼稚園には、年少・年中・年長と三学年の子どもたちがいます。そこに集まってきている子どもたちの家庭での体験というのは、子どももそれぞれにみんな違います。良くお手伝いをして、お母さんに教えられながら学んでいる子どももいます。或いは、お客さんのような生活をしている子どももいます。年長さんと年少さん、或いは、縦の関係の中でいろいろな学びをしていると思うのですが、お二人の先生は、年長さんから学ばせてもらっている事例ってありますか。

恵先生　私は、年少さんのクラス担任をしているのですが、お部屋が（延長保育のための）預かり部屋になることがあります。そんな時に、縦のつながりをとても感じるんです。

子どもたちが困ったりしていると、年長さんがちゃんと目線をあわせて、話を聞いてあげています。「どうしたいの?」って。普通だったら、「こうしよう」と、言ってしまうのが当たり前かなと思うんですけど、ちゃんと目線もあわせて、「○○ちゃんはどうしたいの?」と、相手の思いを聴いてあげていることに、とってもびっくりしています。そういうお兄さん、お姉さんの優しさを受けている子どもって、お部屋で他の子どもが困っていると、それを真似てちゃんと声をかけて、「どうしたの?」という姿が見受けられるのです。そのようにして子どもたちは見て学んでるんだなって、教えられています。

遊びの中でも、お部屋にあるオレンジの積み木で遊んでいると、年長さんが「こういう形にしたらいいんじゃない?」と年少さんに教えてくれて、そう言われた子どもたちは、年長さんのいない次の日に同じ様にやってみたり、見ていたことを真似をする様子が、日常の中でよく見られています。

みさき先生　私も遊びの中で自然と縦のつながりを感じるなって思っています。

年少さんで山を作って遊ぶことがあります。最初は小さな山で、それをだんだんみんなで大きな山にするという遊びをしているんですけど、そこに年中さんのお友だちがやってきて、「この山を火山にしてみよう」と言って、ホースを山に刺して水を出して、山が火山になる遊びを年中さんがやっていたんです。そうしたら次の日、年中さんはいなかったのですが、その様子をよく覚えていた子どもたちが「今日も火山を作ろう」と言って、ホースをもってきて山の上に置いて、火山を作っていたんです。まだまだ年少さんなので、そのまま水を出すとホースがすごい勢いで蛇のように動いて、「あれ昨日と何か違う」と感じて、「今度は手で押さえてみよう、ホースが動くから砂をかけてみよう」って言って、いろいろ試していました。でも、前の日のような火山にはなりませんでした。そうしたら年少さんが昨日の年中さんに聞いてこようと、その年中さんを探して、「昨日の火山はどうやって作るの」と聞いてきたんです。その年中さんも優しく年少さんが火山を作っているところまで来て、「こうやってやるんだよ!」と、教えてあげているんです。そういう姿を見て、年少さんたちは年中さん、年長さんを見て学び、年中さんや年長さんも年少さんに優しく声をかけることができて、縦のつながりの重要さや大切さを感じました。

淡路 それは、子ども同士の学び合いなんですね。幼稚園というのは、年少、年中、年長という発達過程の子どもがいます。それぞれの年齢の子どもたちが、学年を超えて、遊びの中でお互いに刺激を与え合えるような場を作ろうという幼稚園の指導は、子どもたちの学びとしてとても良いことですね。みさき先生、恵先生、そのほかに子どもたちの学びという点で、もう少しお話はありますか。

みさき先生　学び合いという点では、先ほど体験から子どもたちは学ぶという話で花瓶の話をさせていただきましたが、子どもたちはお習字をしたり、絵の具で遊んだ後に雑巾がけをすることがあります。食事の前にやることもあるんですが、その中で子どもたちの姿を見ていると、やっぱり最初はなかなか雑巾を絞れなくて、じゃーと水でぬらしては、ポタポタさせたまま床を拭き始めるんです。「もっと雑巾を絞って！　ビショビショだよ！」って言いたくなる気持ちもあるんですけど、ここでも子どもたちの様子を見ていると、「今から雑巾を使って掃除をするんだ」って、自信満々でビショビショの雑巾で床を拭き始めるんです。

そうすると子どもたちは、自分で拭いた後を見て、「いつもお母さんがやってるのと何か違う」と、ちゃんとそこで気づくんです。すると、他の子どもたちが「もう少し絞るんだよ」と教えてくれるんです。

最初はなかなか絞るということが、力が足りなくてできなくて、「先生も一緒にやってください」と言ってきて一緒に手伝っていました。雑巾がけやお部屋を整える時にも、最初はきれいにするつもりが反対にお部屋がビショビショになっちゃったっていう失敗もたくさんあるのですが、繰り返し学ぶ中で、三学期になるころには自分たちの力で自然と、金曜日になると「明日お休み？　お部屋きれいにする？」という声が上がったり、未就園のお友だちがくる前に、「明日小さいお友だちが来るんだって」と言うと、「じゃあ、何か落ちていると拾って口に入れてしまうかもしれないから、お部屋をきれいにしようか」と、自分たちの力でお部屋をきれいにする子どもたちの姿があって、日ごろの生活の中で学びを得ているんだと感じます。

淡路　ありがとうございます。子どもって気づくトレーニングができていると、どんどん自分の行動範囲が広がっていくんですね。気づく力はどうやって育てるのか。これは自分の体験、知識だけではないんです。子どもが何か上手くいったときは「どうして上手くいったの？」もしも上手くいかなかったら「どうして上手くいかないの？」と聴いてあげる時間を用意してやると、子どもは「こうした方がいいんじゃないかな」と考えて自分の行動を決められるんです。

だから、そこで大人の答えを「こうしなさいよ」「ビショビショじゃないの」と言ってしまうと、何が残るかというと「もうやめた、もういいや」と行動しなくなってしまう。「どうしてビショビショになっちゃったの？　床をきれいにするはずが濡れちゃって、歩くと危ないよね。どうしたらいいの？」という問いをしてもらえた子どもは、「あぁ、水が多すぎるんだ、じゃどうしたらいいんだ」と考えるようになります。それで雑巾を振り回す子どももいます。水を切ってるつもりなんですね。これも子どもの知恵なんですよ。でも、これでは、大人は困りますよね。だから「やめて」となりますが、子どもはそこで「壁がぬれちゃった！　あぁ、振り回すとまずいんだ」ということを学ぶのですね。「じゃあ、どうやって絞ったらいいのかなぁ」と考えるように仕向けることが、幼稚園や小学校低学年の学びなのです。

中学生になっても水をたっぷり含んだ雑巾を振り回す子どももいます。中には、雑巾を絞れない中学生もいますよ。もちろん、雑巾を使った経験がないんですから無理もありません。いまウエットティッシュできれいにできますからね。水を含んだ雑巾っていうのを扱ったことがないんです。

恵先生はそういった経験はありますか？

恵先生　普段から、ご家庭でほとんど「あぁしなさい、こうしなさい」とたくさん言われていると、集団の中に入った時にとても困る姿が見られることがあるんです。間違えていないかを私たちに何回も何回も確認してくる子がいたり、お友だちとケンカしてしまって困った時も、困ってることを発信できなかったり、先生に解決を求めてしまう子がいたりします。

以前、お弁当の時にマスクをしている子がいて、お弁当の時はマスクを外しますよね。その時にその子は自分で考えて、お弁当を食べるからマスクを外したんですけど、それでよいのか不安だったのか、涙目になりながら、「先生、マスクをはずした…」ってすごく自信なさそうに言ってきたんですね。「○○ちゃんは、どう思うの？」と聞いたら、「外す…」って。そこでも自信なさそうに言ってたんで、「大丈夫だよ、外して大丈夫なんだよ」と伝えたんですけどね。

普段から自分で考えて行動している子どもは、確認もせず自分の力で自信を持ってやっています。私たち大人の言葉を少なくすることによって、子どもたちが自分で考えて、気づいていくことにつながっているのだと思います。

淡路　ありがとうございます。今日は現場の先生からみた子どもの面倒見、子育てについて、お話しいただきましたが、いかがでしたか。幼稚園は、子どもの人生の土台づくりの場です。子どものもっている元気さを、大切にして育てたいものです。

最後に、これからの子どもの面倒見について、私から指導ポイントをもう少しお話ししておきたいと思います。

文部科学省は子どもの「考える力」が弱いと言い出しました。でも、これは子どもだけの問題ではありません。学校の先生や家庭でも、大人が「あぁしなさい、こうしなさい」と指示を出していたら考える必要がなくなります。子どもから、「どうしたらいいのか」という質問が出たときに、家庭で「こうしたらいいんじゃないの？」「こうしたら失敗するわよ」と大人の意見を伝えてしまうところに、問題があると思うんです。大人の意見というのは頭で考えた意見なんです。子どもの頭は、まだ発達していません。どうしたらいいか、体験することによって学んでいるのです。心と身体でその考えや行動を育てているのです。

頭でわかっていても、身体がついていかない場合もあるんです。例えば、「なにグズグズしているの、早くソックス履いて！」と。子どもは、ソックスを履こうと思ってるんです。だけど、「右と左がどっちだっけ。裏表どっちかな」というように、考えているときに「早く、早く！」と言われると、靴下を放り投げてしまうのです。

「早くして！」というのは、大人の都合ですよね。この大人の都合が私は悪いと言ってるんじゃないんです。「時間が間に合わない」「幼稚園に行くから早くして！」と、大人が言うのは当たり前。でも子どもの立場になったら、そんなに「早く早くって言われたら、やれないよ」となる。

大人はすでに経験をしてきてるからはくことも着ることも、すっとできるすべを知っているのです。大人にとっては、当たり前のことですよね。子どもは、今それを訓練しているんです。だからそのときに「何が足りないの？」「どうしたいの？」と、子どもに考えさせるような関わり方をしていると、「裏表間違えてないか、前向きにちゃんと用意しておこう」と、考えて行動することができるようになるのです。

私の子どものころは、前の晩に翌朝着るものを用意して、そして休むというそういう習慣がありました。しかし、現在は、朝になったら親がやってくれるから、寝る前に準備をしないでベッドに入る。でも、前の晩に翌朝起きて外出する準備をしてベッドに入るという習慣づけをすると、子どもは朝起きたときに「どの靴下を履いて、どの服を着ていく」ということの戸惑いが少しずつなくなっていくのです。そういう関わりが子どものことを考えた面倒見ということになるのです。

そうすると子どもは段取りということを覚えます。準備をするという習慣が身につけられるのです。今、段取りのできない子どもが多くなってきています。行き当たりばったりで生活しているということでしょうね。でもそれは、子どもが悪いんじゃなくて、行き当たりばったりでも親が準備してくれているから、食べることも着ることもできているのです。でもそれを行き当たりばったりではダメだなぁと考えさせるのも、実は幼稚園や小学校の低学年の生活なのです。実は、小さなうちに生活面で段取り力を習慣づけておくと、後で学習面でも段取り良く勉強することのできる子どもに育っていくのです。

現代社会は、自分でやりたいこと、自分で願望していることを親がやってくれますよね。危ないことは止めてくれます。「あぁしなさい、こうしなさい」と言われて育ちますよね。そうすると、まずいこととといいこととが、頭の中にインプットされちゃうんです。まずいことはどんどん引いていっちゃいます。でもまずいことも体験なんです。子どもは、自分でやってみたいんです。

例えば、水溜まりができますよね、そこでジャブジャブやりたいけれど、大人はやりませんよね。なぜやらないんですか？　洗濯が大変、クリーニング代が高くなる。そういう知識があるからジャブジャブやらないし、子どもにもやらせない。子どもはまだそういう知識がありませんから、やっちゃうんです。ジャブジャブやっていいんですよ。そうするとズボンが汚れちゃった！　靴下が濡れちゃった。その濡れた体験というのが、濡れてない靴下の爽やかさを学んでいるんです。子どもは濡れてみないといけないんです。

だから、いろいろ遊ばせながら体験させる幼稚園というのは、とっても重要なのです。湘南学園のように、こんなに園庭のある幼稚園は少ないんです。園庭に山を作れる幼稚園、ホースを園庭にひいて水遊びのできる幼稚園というのは少ないと思います。園庭で水を使った遊びをしてしまったら、年少さんが出てきて洋服が汚れちゃった。そしたら、保護者から怒られます。「年長さんがやった遊びで、なぜ、年少のうちの子の靴が汚れちゃうんですか？」「洗濯代を出してください！」と言う親が、出てくる社会なのです。だから先生方も「水を出しちゃだめよ！」となりがちになる。良い悪いの話をしているのではありません。そういう子どもの環境の大切さを話しているのです。子どもは、そうした環境から、いろいろな学びをしているということです。

また、二番目に生まれた子どもは長子よりも、良い意味で要領が良いと思います。要領というのは生き方なんです。この要領には良い要領と悪い要領があります。お母さん方は、とかく良い要領、良い生き方を教えようとしますね。例えば、悪い要領というのは、嘘をつきますね。なんで子どもは嘘をつくかわかりますか。

自分を守るため、一瞬でも怒られないようにするためです。悪いということはわかってるんです。でも、子どもたちは、そのとき親に怒られなければいいという意識ですから、嘘をつくんです。子どもが嘘をついたら怒るのではなく、「あぁ、嘘をつくだけの知恵がついたんだ、すごいねぇ」という関わりをすると、「なんでママは怒んないのだろうか」ということに気づくんです。そうすると、次は「やっぱりまずいなぁ」と思って、嘘を自分でつくことが悪いということを理解してくるんです。子どもが嘘をついたら「あぁそう。本当にそう思ったんだ。じゃあまずかったね！」と言って嘘にのっかることも大事なのです。もちろん、悪いことが発覚しなくてほっとして、またごまかす子どももいますよ。でも、「なんで、親は知らんぷりをしているのだろう！」と子どもの心の中には、ストレスという負担を抱えているのですから。「嘘をつくことで被害が大きくなっていく」ということも子どもの学びです。

本能で生活している年少さんの子どもが年長さんになると、いろいろな知識を学んで、自分らしさを発揮していくんです。自分らしさが本当に体験を通して知恵になっていくのが、小学校の高学年なんです。

だから、時々、好みも趣味も関心も変わっていきますよ。変わっていってもいいんです。ピアノを習っていて、今度はバイオリンがやりたい、ギターがやりたいと、変わっていっていいんです。それが本能で好きだというものから、だんだんと考えることをして、意識して自分らしい自分の特技を磨きだしていくのです。

お母さん方から「習い事をすぐやめてしまうんですよ」、と言う相談を受けることがありますが、時にはいいんです。時にはですよ。なぜいいのかと言うと、子どもの特技というのは、好きか楽しいもの探しなんです。もちろん、プロのサッカー選手、プロ野球の選手になりたいという子どももいます。でも、子どもは好きなこと、楽しいものっていうのは続けていきます。続けていくと、好きなものが、子ども一人ひとりの能力になっていくのです。嫌いなものは伸びません。好きなものか、楽しいものが能力となっていくのです。

この能力を続けさせ、努力させる方法は、「上手くいったね、楽しかったね」という言葉です。上手くいかなくてもいいんです。上手いというレベルはいろんなレベルがありますから。「昨日より頑張ったね」でいいのです。「今まで出来ないことが、出来るようになったね！」と言って努力を継続させることが大切なのです。つまり、いろいろな努力とか、能力を今のうちから種まきをしてやることが親の面倒見なのです。

さて、もう一つお話ししておきましょう。

子どもを育てていると、親子って何だろうか。どういう親子関係がいいんだろうかと考えることはありませんか。「子どもに『あぁしなさい、こうしなさい』と言わないで、じゃあどう関わったらいいんだろう。私は良い親になろうと思っているのに、良い親になるために子どもを保護しているのに。保護をしてやることが、子どもを守ってやることでいいことだと思って、いろいろ手を出し口を出していたら、過保護はいけないって言われてしまう。だからと言って、子どもを自由に放任していたら、子どもは育たないって言われる。じゃあどうしたら良い親になるのだろうか。

こういう戸惑いをしているご家庭も多くなっていると思います。年長さんから小学生になると親が困ることです。結論を言いましょう。良い親じゃなくて、良い親子関係を作ることです。保護、過保護がいけないなんて言ってませんよ。放任もいけないと言ってません。口出してもいいんです。でも、毎日のように口出しをすると、それが子どもの習慣になってしまうから問題なんです。子どもとの関わりの中で、ある時には保護が過保護になってもいいのです。また、ある時には、子どもを突き放して、自由にさせていいのです。

さきほど、長子と第二子の話をしました。長子には、ついつい「あぁしなさい、こうしなさい」と言ってしまいがちです。第二子は要領よく生活していますから、「手がかからない、良い子」という親子関係ができがちです。長子もお母さんに認めてもらいたいのです。そういう時に、長子へ「いつも怒ってばかりいて、ごめんね」と、ハグをしてやる。長子の良いところをほめてやる。これが良い親子関係なんです。長子だって親の愛情が欲しいのですから。

親子のコミュニケーションづくりも親の役割です。子どもの人間関係は、家庭の中で最初に培われていくのです。だから、良い親子関係ができてくると、子どもはコミュニケーションが得意になります。友だちとの関係も、いいコミュニケーションができるように育っていきます。良い親子関係というのは、親が子どもをよく見ていること、人として尊重すること、そして、よく子どもの言うことを聴くことです。話すことより聴くことです。子どもの話が高いレベルか低いレベルか、いい話か悪い話かは関係ありません。とにかく、聴くことです。聴くというのは耳だけではありません。耳と目と心で、聴くということです。そうしたら、「あなたの言っていること、この間からやってたわね」「見てたの？」「お母さん見ていたの？」「知っていたわよ」こういう子どもを認めるコミュニケーションが大切なのです。話の上手い人は、聴き上手な人です。ですから、子どもが親からつねに聴いてもらう環境にあると、子どもは話し上手になっていきます。今、学校では、話し上手を育てようとしています。

例えば、こういうパネルディスカッションも多くなっています。お二人の先生の話よかったでしょ？　どういう話をしたら相手が聴きやすいか、という視点で話を準備してもらいました。お二人の話の仕方、内容もお母さん方が聴きたいことを考えて話してくれましたね。だから、あっという間に時間がたってしまいました。お二人の先生方のお話を聴いて、「なるほど、幼稚園の先生方もそうやって子どもを元気に育てるためにがんばっているんだ」と、お母さんもわが子への関わりを、もう一度見直していただければと思います。

恵先生の経験も前の幼稚園では、子どもに「何をしてやったらいいのか」という先生の仕事探しをする幼稚園でした。そして、子どもたちは、「先生に、あれもやってもらった、これもやってもらった」と、この幼稚園の先生は「いい先生」という評価を得ていたと思います。でも、子ども自身が育っているかということです。恵先生は、湘南学園の幼稚園に来て葛藤したはずです。そうですよね？

恵先生　そうです。子どもを見守ることと待つこと、それに声をあえてかけないという難しさで、葛藤しました。

淡路　時々、「自分に合わない幼稚園に来てしまったかな」と葛藤しませんでしたか。でも、湘南学園の幼稚園で悩みながら、待ちの指導を始めた時に先生が成長し始めた。先生が成長し始めると、子どもも元気にのびのびと育っていく、つまり成長していく。この成長というのは、三年間子どもを預かって小学校に上げるためだけではない。子どもが、小学校に上がって社会に受け入れてもらえるような、人間を育てることなのです。

湘南学園の幼稚園は、子どもの自律とモチベーションを高めること、子ども同士、或いは、子どもと教員のコミュニケーションの工夫、子どもの気づく力、考える力を育てているのです。今日は、お二人の先生から子どもへの関わり方、わが子を育てるためのヒントをたくさんお話ししていただきました。

恵先生、みさき先生、ありがとうございました。これで終わります。

（実施日）令和2年1月29日（水）
（場　所）湘南学園幼稚園ホール

あとがき

長い間、子どもを育てる教職の現場で生活をし、教員や保護者と接してきました。そして、常に、幼・小・中・高それぞれの校種が子どもの現状を把握して、『明日につなげる』指導をしなければならない、と研修会や講演もしてきました。子どもにとっては、どのような社会になっても、自分のもっている資質や能力を活かして自分らしく生き、結果として社会の一員として活躍し、貢献できるように育てられることが必要なのです。決して、いまよければよいという育てられ方ではなく、明日につなげる育てられ方が重要になります。

はしがきでも述べましたが、子育てにとって大切なことは、これからの社会を予見して、子どもが育つ土台づくり、環境づくりなのです。見通しのつかない不安の大きな社会を考えれば、まずは、子どもの「主体性」を育てることです。子ども自身が、気づき考え行動できるよう、周囲のことに関心を向ける関わりです。親や先生が、育てられてきた自分の生き方を、ただ子どもに教えるのではなく、「これは何だろうか？」「これはどうして？」というように、子ども自身の生活形成に気づくような、働きかけをすることです。子どもの考える力も、ただ「考えなさい」ではなく、具体的に、子どもの見たもの、聞こえたものの、食べたり肌で感じたことを聴くなど、或いは、子どもの生活の中で判断や決断をさせて、子どもの体験から子どもの自信をつける関わりを心がけることです。

また、子どもが何かに好奇心をもって、「積極的」になれるような興味や関心事を用意することです。お母さんが、子どもにピアノやお習字などの習い事をさせたり、子どもを図書館や水族館、アウトドアに連れていくことも、子どもの好奇心を育てるためではありませんか。もちろん、子どもは、何に関心を向けるかわかりませんが、子どもの興味を育てようとしている大切な関わりです。ですから、子どものために用意したこれらの行為を活かすためにも、子どもにとって楽しいということ、好きになるよう心がけることが大切になるのです。

さらに、子どもの生活意欲を育てるために、子どものモチベーションを高める対話（コミュニケーション）も大事なことです。親と子どもの対話には、子どもの意欲を育てるという目的があるのですから、子どもの言うことを否定しないことです。子どもが発言した言葉や行動をしっかり受け止めること、子どものやったことをまず受け止めて「それはどういうこと?」「どうして?」と考えさせることです。子どものモチベーションは、自分の言ったことや体験したことが、親や先生に関心を持ってもらえたこと、認めてもらえたということで育てられるのです。それが、子どもの自信（自己肯定感）を高める子育てになるのです。

現代社会の子育ての風潮から考えられることは、習い事もいい、早くから塾へ通うのもよいでしょう。しかし、それによって生活方法や生活習慣の学びをして、強く逞しく生きるためのエネルギーを蓄え、明日の生きる知恵を身につける関わりをさせたいものです。最近、幼稚園や小学校で、気づく力や気遣いすることを指導している園や学校が増えつつあることも、社会の変化を見据えた、明日につなげる人間教育だと思います。家庭での子育ても、社会や子どもの状況に応じて、対応を変えていく必要が高まっているということです。

お父さんやお母さんが受けてきた家庭や学校の教育は、平等な育て方を良しとして、標準的な子どもを育てる傾向がありました。しかし、これから子どもの巣立っていく社会は、今、親の考えている想定内の問題どころか、想定されないことが当たり前に起こる社会になるのです。ましてや多様化社会、グローバル化の進んでいる社会に生きる子どもには、常に、他人とは異なる自己の強みを育てられていなければならない、社会の流れなのです。親に求められることは、意識の転換と子どもの観察です。

最後に、社会の流れは、ますますＩＣＴの社会に入っています。誰でも当たり前にパソコンを使い、タブレットをもって生活する社会です。現在の子どもが大人になるころには、ロボット（ＡＩ）の導入どころか日常生活の在り方や働き方にも、大きな変化が起こっていると思います。研究者の中には、将来ロボットは、個人の秘書役になるかもしれないという人もいます。

未来に生きる子どものために、いま、どのような力（学力）をつけておくかを考える時期だと思います。人間関係の基本でもある、メンタリティの『人間らしさ』という問題、人間の持つ『感性や情感』の問題など、目に見えない学力も話題になっています。人は、人間社会の中で生きるのです。便利で成熟した社会状況で、子どもや親に必要なことは、ＩＣＴ社会の便利な道具を上手く活用して、子どもが人間らしく主体的に育つための支援です。

新型コロナの問題が起こって学校が休校になり、多くの私学がオンライン学習に切り替えました。しかし、オンライン学習だけでは、子どもの教育は充たされません。多くの園長や校長先生から、オンライン学習だけでは足りない。学校は、一人ひとりの子どもが集まって（密集）、顔を見合わせながら相手の雰囲気や様子を観察して（密接）、関わることが重要だという声が出ていました。もちろん、新型コロナの問題は、『密』を避けなければいけませんが、教育は、いろいろな道具や多様な手法を使って行われることは、子どもにとって幸せなことです。ネットだけに頼るのではなく、人との出会いや触れ合い・学び合いという人間関係を育てながら、子どもの学びができるよう親や教員も研鑽したいものです。

令和二年九月

淡路　雅夫

著者紹介
淡路　雅夫（あわじ　まさお）

淡路 子育て支援教育研究所主宰。國學院大學・同大学院修了。私立浅野中学・高等学校（神奈川県）校長、関東学院大学非常勤講師等を歴任後、2013年現在の研究所設立。一般社団法人 青少年育成支援 大和の心 理事。その間、國學院大學の幼児教育志願者の勉強会、同大學の教職志願者のための特別講師、東邦大学での教職アドバイザーに従事。

専門分野は、子どもの教育・福祉を中心とした家族・親子問題。現在は私立学校の教育顧問として、教育アドバイザーにも従事し、保護者の教育相談・講演・執筆を行う。近年は、私立幼稚園の保護者や幼児教育者に向けた研修や幼稚園協会での講演も多い。

著書に『児童福祉概論』（八千代出版）、『人に育てられて生きる』（社会評論社）、『お母さんにはわからない思春期の男の子の育て方』（中経出版）、『先生！子どもが元気に育っていますか？』、『お父さん お母さん 気づいていますか？ 子どものこころ』（ともにグローバル教育出版）他。

論文については、公益社団法人私学経営研究会の雑誌「私学経営」等に多数発表。

12歳までに必要な学力

2020年9月10日　初版第1刷発行
2020年10月1日　初版第2刷発行

著　者　淡路　雅夫
発行者　山本　浩二

発行所　株式会社グローバル教育出版
〒101-0047　東京都千代田区内神田2-5-2 信交会ビル
電話03（3253）5944　FAX03（3253）5945
編　集　パピルスあい
印刷所　瞬報社写真印刷株式会社